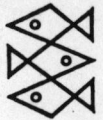

*Über dieses Buch*   Über die Schwierigkeiten trauernder Eltern wird seit einigen Jahren immer mehr berichtet. Dabei geht es fast immer um Kinder, die einige Jahre nach der Geburt gestorben sind. Der Tod von Kindern vor, während oder kurz nach der Geburt findet viel weniger Beachtung, obwohl er viel häufiger vorkommt. Die Trauer der Eltern ist jedoch nicht weniger groß, wenn die Kinder noch nicht so lange gelebt haben oder wenn der Tod *nur* am Ende einer Schwangerschaft und nicht eines *richtig* begonnenen Lebens steht.

Zur Verzweiflung, den Schuldgefühlen, den Fragen an Gott oder das Schicksal, den Krisen in der Partnerschaft und allen anderen Problemen der Trauer kommt für diese Eltern noch die Schwierigkeit hinzu, sich dafür rechtfertigen zu müssen, daß sie überhaupt Trauer äußern. Die Fachbeiträge der Psychologin Verena Kast, des Krankenhausseelsorgers Gottfried Lutz und des Mediziners Karl-Heinz Wehkamp wie auch die Elternberichte helfen Betroffenen, Angehörigen und Außenstehenden, eine solche Situation besser zu verstehen und zu durchleben.

Zu den Autoren siehe Seite 102 f.

Gottfried Lutz
Barbara Künzer-Riebel
(Hg.)

# Nur ein Hauch
# von Leben

Eltern berichten vom Tod ihres Babys
und von der Zeit ihrer Trauer

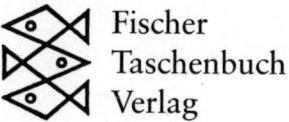
Fischer
Taschenbuch
Verlag

Die Zwischentexte nach den Elternberichten (*kursiv* gedruckt) sind teilweise der Broschüre »Regenbogen-Initiative« entnommen.
Dieses Heft ist über das Postgiroamt Karlsruhe, Konto Barbara Künzer-Riebel, Nr. 834 08-757 zum Preis von 3,50 DM zu beziehen. Bitte genaue Anschrift angeben; Einzahlung gilt als Bestellung.

Ungekürzte Ausgabe
Veröffentlicht im Fischer Taschenbuch Verlag GmbH,
Frankfurt am Main, Juni 1991

Lizenzausgabe mit freundlicher Genehmigung des
Verlags Ernst Kaufmann, Lahr
© 1988 Verlag Ernst Kaufmann, Lahr
Umschlaggestaltung: Buchholz/Hinsch/Hensinger
Umschlagfoto: Zefa/Kalt
Druck und Bindung: Clausen & Bosse, Leck
Printed in Germany
ISBN 3-596-10616-8

# Inhalt

# Vorwort

Über die Schwierigkeiten trauernder Eltern wird seit einigen Jahren immer öfter in Zeitungen, Zeitschriften und Büchern berichtet. Dabei geht es fast immer um Kinder, die einige Jahre nach der Geburt gestorben sind. Der Tod von Kindern vor, während oder kurz nach der Geburt findet in den Medien viel weniger Beachtung, obwohl er viel häufiger vorkommt. Die Trauer der Eltern ist jedoch nicht kleiner, wenn die Kinder noch nicht so lange gelebt haben oder wenn der Tod „nur" das Ende einer Schwangerschaft und nicht eines „richtig" begonnenen Lebens ist. Zur Verzweiflung, den Schuldgefühlen, den Fragen an Gott oder das Schicksal, den Krisen in der Partnerschaft und allen anderen Problemen der Trauer kommt für diese Eltern noch die Schwierigkeit hinzu, sich dafür rechtfertigen zu müssen, daß sie überhaupt Trauer äußern. „Ihr Kind hatte doch noch gar nicht richtig gelebt. Sie konnten doch gar keine richtige Beziehung zu ihm haben." Das wird einer Mutter gesagt, die neun Monate mit diesem Kind schwanger war!

Wir Herausgeber dieses Buches begegnen diesem und den anderen Problemen in verschiedenen Bereichen. Barbara Künzer-Riebel hat selber ein Kind kurz nach der Geburt verloren und die Verzweiflung, das Unverständnis der Umgebung, Partnerschaftskrisen und die Angst während einer neuen Schwangerschaft durchgekämpft. Sie fand dabei weder in den vorhandenen Büchern noch bei den professionellen Helfern wirkliche Hilfe und suchte deshalb schließlich nach Gleichbetroffenen. Mit diesen Frauen zusammen entdeckte sie dann, daß ihre Probleme mit dem Tod ihres Kindes und der Trauer „ganz normal" waren. Den anderen ging es ähnlich. Aus den einzelnen Brief- und Telefonkontakten entstanden mit der Zeit Gesprächskreise und Brief- und Telefonzirkel, um den betroffenen Eltern − und neu hinzugekommenen − Hilfe in dieser schweren Zeit anzubieten und wieder Mut zum Leben zu machen. Es sollte ihnen gezeigt werden, daß sie mit ihren Sorgen nicht alleine sind. Hieraus entstand die „Regenbogen-Initiative" als Zusammenschluß von Eltern, die ihr Kind vor, während oder nach der Geburt verloren haben. Die Gründerinnen sind Barbara Künzer-Riebel und Regine Schreier.

Als Krankenhausseelsorger hat Gottfried Lutz immer wieder Kontakt mit Eltern, die Kinder verlieren − und mit Eltern, die erst Jahre oder gar Jahrzehnte nach dem Tod eines Kindes merken, wie wenig sie wirklich getrauert und Abschied genommen haben. Nicht gelebte oder unterdrückte Trauer fordert aber bei neuen Schwangerschaften oder in Lebenskrisen wie Krankheit und Tod doch noch ihr Recht, jetzt allerdings für die Betroffenen und die Umwelt oft kaum als solche verstehbar. Er hat selber ein Kind mit 14 Monaten verloren und ist daher sensibilisiert für die Probleme trauernder Eltern.

Mit diesem Buch wollen wir eine breitere Öffentlichkeit informieren. Wir wollen Ärztinnen und Ärzte, Krankenschwestern und Hebammen, Seelsorgerinnen und Sozialarbeiterinnen (ihre männlichen Kollegen eingeschlossen), aber auch Freunde, Bekannte und Verwandte von betroffenen Eltern möglichst umfassend über die Situation früh verwaister Eltern aufklären und ihnen Mut machen, das Gespräch mit den Betroffenen zu suchen. Unverständnis von beiden Seiten soll abgebaut und Annäherung möglich gemacht werden. Den betroffenen Eltern wollen wir mit diesem Buch sagen, daß sie mit ihrem Erleben nicht alleine sind und daß es für sie ein hoffnungsvolles „Morgen" geben kann, wenn sie den Weg durch die Trauer wagen.

Erfahrungsberichte und Beiträge von Fachleuten sollen aufklären, sie können aber auch eine fatale „Nebenwirkung" haben: Wenn man die eigene Geschichte mit anderen vergleicht, entdeckt man möglicherweise, welche Hilfen einem versagt geblieben sind und was man selber versäumt hat – zum Beispiel, das verstorbene Kind noch einmal anzuschauen, von ihm Abschied zu nehmen, es vielleicht zu streicheln oder auf den Arm zu nehmen. Wir wollen mit diesem Buch nicht noch zusätzliche Schuldgefühle machen. Jeder trauert anders, jeder hat seine eigene Geschichte, in der ihm zu einem bestimmten Zeitpunkt dieses möglich, etwas anderes (noch) nicht möglich war. Die Erfahrungen anderer sollen helfen, die eigene Trauer besser zu verstehen und vielleicht das nachzuholen, was noch offen ist.

Ermutigt hat uns, daß Frau Dr. Verena Kast und Herr Dr. Dr. Karl-Heinz Wehkamp sich ohne Zögern zur Mitarbeit an diesem Buch bereitgefunden haben. Den Eltern von der „Regenbogen-Initiative" danken wir für die Beiträge mit ihren Erfahrungen. Wir haben diese absichtlich so verschieden und ohne sprachliche Veränderungen übernommen, um die Lebendigkeit und Authentizität zu erhalten. Andere Eltern, die einen Bericht schreiben wollten, merkten, daß es ihnen zu schwer fällt, so Verletzliches aufzuschreiben. Wir respektieren das und sind für die anderen Berichte um so dankbarer.

*Barbara Künzer-Riebel*
*Gottfried Lutz*

*Gottfried Lutz*

# Glauben auf dem Weg der Trauer

Kinder, die geboren werden, nur um zu sterben. Kinder, die tot geboren werden. Ich kann mir nichts vorstellen, was widersprüchlicher wäre. Ich weiß, daß dies in der Natur und in der vom Menschen beherrschten Welt tausendfach geschieht. Trotzdem wehrt sich in mir alles dagegen. Die Geburt eines Kindes ist immer − nicht nur in der Weihnachtsgeschichte − ganz allgemein ein Symbol der Hoffnung. Ein neugeborenes Kind ist wie eine Bestätigung des Versprechens, daß das Leben Zukunft hat und sich immer wieder erneuert. Bei ihren eigenen Kindern erleben Eltern, daß auch sie Leben weitergeben können. Haben wir als Eltern nicht sogar ein Recht darauf? Daß Kinder vor den Eltern sterben, erst recht wenn sie nur ganz kurz gelebt haben, verletzt Eltern in ihrer Liebe zu ihren Kindern und in ihrem Recht darauf, Eltern zu sein.

„Ich werde mich bis in den Tod hinein weigern, die Schöpfung zu lieben, in der Kinder gemartert werden", sagt Dr. Rieux in „Die Pest" von Albert Camus. Für viele Eltern von sterbenden oder gestorbenen Kindern ist ein solcher Satz kein philosophisches Gedankenspiel, sondern Bestätigung und Ausdruck der eigenen Wut und Verzweiflung. Dr. Rieux weigert sich, die Schöpfung zu lieben. Eltern sagen es oft sehr viel direkter: Sie verzweifeln an Gott, der es zuläßt, daß Kinder sterben, ihre Kinder, der nicht eingreift − trotz aller Gebete.

„Der Herr hat's gegeben, der Herr hat's genommen, der Name des Herrn sei gelobt", sagt Hiob, der fromme und gottesfürchtige Mann, als er vom Tod seiner zehn Kinder hört. Liest man im Buch Hiob im Alten Testament nach, findet man, daß Hiob seine Kleider zerreißt, sich die Haare schert und sich zu Boden wirft − das sind deutliche Trauerreaktionen −, bevor er diese Sätze sagt. Nachher kommen seine Freunde, „und sie setzten sich zu ihm auf die Erde sieben Tage und sieben Nächte lang, ohne daß einer ein Wort mit ihm redete; denn sie sahen, daß der Schmerz sehr groß war" (Hiob 2,13). Wer hat schon solche Freunde?! Trotzdem ist Hiobs Bekenntnis für viele zum Inbegriff von kritikloser Hinnahme und blindem Glauben geworden. Je nachdem ruft es Zustimmung oder Kritik hervor: „Wie kann man nur so etwas sagen?!" oder: „So müßte man glauben können, dann wäre alles leichter zu ertragen."

6

Als Eltern, die ein Kind verloren haben, wissen wir aber, daß man mit beiden Haltungen: dem rebellierenden Dr. Rieux und dem angeblich widerspruchslos hinnehmenden Hiob, nicht leben kann. Wahrscheinlich ist den meisten beides vertraut, und es gab oder gibt Zeiten, in denen man zwischen beiden Extremen hin- und hergerissen ist (vgl. den Beitrag von Verena Kast). Aber auf die Dauer kann kaum jemand mit Gott oder dem Schicksal nur hadern oder sich nur blind unterwerfen. Zwischen „Widerstand und Ergebung" (wie D. Bonhoeffers Briefe aus dem Gefängnis überschrieben sind) müssen wir uns unseren Weg suchen. Widerstand oder Widerspruch, das heißt in unserem Zusammenhang: Sich wehren, sich für das Leben einsetzen, die Bedingungen ändern, unter denen Kinder bei uns und in der ganzen Welt sterben. Aber vorher noch: innerlich sich auf den schweren Weg des Abschiednehmens machen, obwohl man sich oft viel lieber hängen lassen würde. Das Wort „Ergebung" klingt manchen zu resignativ, und sie wollen es deshalb durch „Hingabe" ersetzen. Vielleicht ist diese Formulierung auch in unserem Zusammenhang hilfreich, wo Hingabe den Sinn von „abgeben" und „loslassen" anklingen läßt.

*Ich schreibe diesen Beitrag als evangelischer Pfarrer, der selber eine Tochter mit vierzehn Monaten verloren hat. Ich möchte nicht scheinbar sachlich schreiben, wo ich persönlich betroffen bin. Zugleich bin ich als Pfarrer immer wieder in der Situation, Mit-Betroffener zu sein: bei Gesprächen mit Eltern, in Gruppen, in der Klinikseelsorge, bei Taufen in der Klinik und bei Beerdigungen. Mit einigem Abstand von Judiths Tod ist das auch wieder möglich. Die mehr persönlich gefärbten Abschnitte werden wie dieser hier kursiv gesetzt, die anderen in normaler Schrift.*

*Natürlich begegne ich als evangelischer Pfarrer auch Eltern, die einer anderen oder gar keiner Konfession angehören. Diese Unterschiede spielen allenfalls bei „offiziellen" Anlässen wie etwa Taufen oder Beerdigungen eine Rolle. Trauer, Schmerz, Leben, Fragen und Äußerungen der eigenen Seele gehen dagegen souverän über die immer unverständlicher werdenden Grenzen zwischen den Konfessionen hinweg.*

### Gibt es einen „lieben Gott"?

Es gibt wohl kaum jemand, der beim Tod eines kleinen Kindes nicht fragt, wie Gott so etwas zulassen kann. Kann man von einem allmächtigen, gerechten oder gar einem „lieben Gott" reden, solange es das Böse und unschuldiges Leiden gibt? Über diese, die sogenannte „Theodizeefrage" (Frage nach dem gerechten Gott) sagt ein theologisches Lexikon (RGG) zutreffend: „Sehr oft äußert sie sich nur als Frage oder Klage." Ich kenne keine für alle gültigen Antworten darauf, und die verschiedenen Versuche dazu – mögen sie auch für einzelne hilfreich sein – reißen oft nur neue Fragen und Wunden auf, statt die vorhandenen zu schließen:

– Daß Gott Menschen durch Leiden erziehe oder prüfe – daran ist sicher wahr, daß man im Leid auch wachsen und das Leben neu verstehen lernen kann; aber ist ein totes Kind nicht ein geradezu wahnsinniger Preis für das eigene Wachstum?

– Daß Gott in seiner Allwissenheit besser wisse, warum er den einen Menschen achtzig Jahre und den anderen nur ein paar Tage oder Wochen alt werden lasse – sicher, wir übersehen nicht, wie ein Leben sich entwickeln wird und was einem Menschen durch den frühen Tod erspart bleibt; aber wir wollen leben und sehen, wie unsere Kinder groß werden.

– Daß Gott an den Kindern die Schuld der Eltern strafe – das hat schon Jesus zurückgewiesen (Johannes 9,1-5). Trotzdem quälen sich viele Eltern mit dieser Frage, mit Schuldgefühlen und Vorwürfen gegen sich selbst und gegeneinander. Oft braucht es nur einen geringen Anlaß von außen, ein unbedachtes Wort oder eine ungeschickte „Beileidsbezeugung", um diese Frage laut werden zu lassen.

Es geht nicht um „richtige" oder „falsche" Antworten auf diese Fragen, so als wären wir die Lehrer, die die Hausaufgaben der anderen Eltern, der Natur oder Gottes korrigieren und benoten könnten.

### Glauben auf dem Weg der Trauer

Liest man die Elternberichte in diesem Buch, dann sieht es so aus, als wären die Antworten darauf sogar eher unwichtig. „Irgendwann habe ich beschlossen, daß ich nun auch ohne mein Kind weiterleben will." So oder ähnlich habe ich es immer wieder gehört. Keine Warum-Frage ist beantwortet, aber der/die Trauernde hat einen entscheidenden Schritt getan.

Schmerz, Wut und Trauer über den Verlust eines Kindes suchen sich Adressaten, an denen sie sich aufhängen können, wie man Kleider an einen Haken oder Bilder an einen Nagel hängt. Dabei wird oft recht unsanft auf die Nägel eingeschlagen! Aber es geht zuerst einmal gar nicht um den „Haken" der Frage nach dem „lieben Gott", sondern um den Schmerz und die Wut, die irgendwo laut werden müssen.

Manche Eltern finden dann bald wieder zu ihrem Glauben zurück. Ihr Vertrauen zu Gott hilft ihnen, den Schmerz zu bewältigen. Daß man Gott auch Vorwürfe machen darf, weiß hoffentlich jeder, der die Psalmen und Hiob gelesen hat. Ein schlechtes Gewissen braucht man deshalb nicht haben. Andere schieben die aufgebrochenen Fragen wieder zur Seite.

Aber mehr oder weniger – oft bei Ehepartnern sehr verschieden – verändern sich Glaube und Gottesbild auf dem Weg der Trauer. Wie in einer Krise eine Partnerschaft einen Sprung bekommen kann, so auch die Beziehung zu Gott. Früher Selbstverständliches ist fraglich geworden. Hat Beten einen Sinn? Warum soll ich an einen Gott glauben, der offenbar nicht helfen konnte – oder schlimmer noch: nicht helfen wollte? Ist es überhaupt sinnvoll, von einem Gott zu reden, oder ist alles Zufall, „genetisches Roulette", blindes Walten der Natur? Der Abschied vom als allmächtig gedachten Gott kann den Weg freimachen zu einem Gott, der nicht über uns regiert, sondern vor allem in uns wächst. Beten kann sich – und uns – verändern und heißt dann nicht mehr nur, daß ich bitte und um Hilfe schreie, sondern auch, daß ich zu mir komme und nach dem tragenden Grund frage, mit den Bildern umgehe, die in der eigenen Seele aufsteigen, höre, mich einlasse auf den Weg Gottes mit mir.

Eine Glocke, die einen Sprung hat, tönt nicht mehr, sondern scheppert. Man muß sie einschmelzen und eine neue gießen. Mit dem Glauben kann es ähnlich gehen. Er kann zerbrechen – und dann aber auch wieder ganz neu werden. Das kostet Kraft und braucht Zeit. Solange die Fragen Ruhe geben, darf man sie auch in Ruhe lassen. Sie melden sich dann wieder, und irgendwann spürt man, daß es zuviel Energie kosten würde, sie drunten zu halten. Dann ist es Zeit, sich damit auseinanderzusetzen. Das kann aber auch bedeuten, daß zur Trauer um das Kind und den Verständigungsschwierigkeiten mit dem Partner auch noch die Trauer um den verlorenen Glauben kommt.

### Meine Geschichte mit David und Jairus

*Irgendwann ist mir aufgefallen, daß in der Bibel sehr viel mehr trauernde Väter vorkommen als etwa in Selbsthilfegruppen trauernder Eltern, wo die Mütter meist unter sich sind.*

David zum Beispiel trauert um das erste Kind mit Bathseba, das sterben muß, weil Davids Liebe zu Bathseba mit Mord und Mißbrauch des Königsamtes verbunden war (2. Samuel 11 + 12). David hatte sich in Bathseba verliebt und ihren Mann umbringen lassen, nachdem sie von ihm schwanger war. Der Prophet Nathan stellte David zur Rede und kündigte ihm den Tod des Kindes an. Noch einmal: ich glaube nicht, daß Gott Eltern mit dem Tod eines Kindes bestraft. Manchmal verstehe ich diese Erzählung in einem übertragenen Sinn: Aus Unrecht wird nur neues Leid geboren. Manchmal frage ich mich, ob es nicht Zusammenhänge gibt zwischen meinem und meiner Frau Leben und dem Tod unseres ersten Kindes. Welche (noch) nicht lebensfähige Seite von uns hatte da Gestalt angenommen? Wieviel Destruktives und Lebensfeindliches haben wir geerbt und schleppen es mit uns herum? Ist es ein Wunder, wenn auch das Leben beschädigt ist, das wir weitergeben? Ist es nicht das größere Wunder, wenn man gesunde Kinder gebiert? Mir ist wichtig, daß solche Fragen nicht moralisch oder als Vorwurf mißverstanden werden (als ob wir zwei besonders schlechte Menschen wären) und daß ich sie für mich und nicht ungebeten bei anderen stelle.

David trauert, fastet, betet, weint acht Tage wegen seinem kranken Kind. Das macht auch seiner Umgebung Angst. Als es gestorben ist, wollen ihm seine Diener den Tod verheimlichen; sie befürchten, er würde verrückt (das war damals nicht anders als heute in unseren Kliniken). Aber er steht auf, salbt sich und zieht neue Kleider an; er ißt wieder, tröstet Bathseba und schläft mit ihr. Dabei wird Salomo gezeugt, der ein langes Leben hat. Solange das Kind krank war, hat David geweint und getrauert. Jetzt ist nichts mehr zu ändern. Es ist gestorben, wie auch er einmal sterben wird. Leben und Tod gehören untrennbar zusammen. Aber das Leben geht weiter, nein, er wendet sich dem Leben wieder zu mit derselben Intensität, mit der er vorher gesündigt, geliebt und getrauert hat. So möchte ich trauern und leben können! Bathseba kommt in dieser Geschichte nicht selber vor. Das Kind hat keinen Namen. Es geht allein um David. Kann man nur für sich alleine trauern?

Von Jesus wird erzählt, daß er tote Kinder ins Leben zurückgeholt hat. Der Tod von Kindern war offenbar auch für ihn nicht mit Gott als dem liebenden Vater zu vereinbaren. Ich habe solche Geschichten lange gemieden. Ich hielt sie für unglaublich und wenig hilfreich. Was hätte ich dazu sagen sollen außer: Daß es damals wirklich so war, bezweifle ich. Daß es heute nicht so ist, weiß ich — und das tut weh.

10

*In einer dieser Geschichten (Markus 5, 21—42) wird erzählt, ein jüdischer „Pfarrer", der Synagogenvorsteher Jairus, sei zu Jesus gekommen, um für sein krankes Töchterlein um Hilfe zu bitten. Inzwischen stirbt das Mädchen, aber Jesus sagt, sie sei nicht tot, sondern schlafe nur, faßt sie an der Hand und weckt sie auf. Man kann das mit allen möglichen psychologischen und medizinischen Erkenntnissen erklären. (Für unseren Zusammenhang sind die nicht so wichtig. Wer sich dafür interessiert, kann sie nachlesen bei E. Drewermann, „Tiefenpsychologie und Exegese", Bd.2). Für mich ist es aber immer mehr ein Bild dafür geworden, daß ich mein Kind hergeben und loslassen kann. Ich weiß immer noch nicht, ob Jesus damals wirklich ein totes Kind wieder zum Leben gebracht hat. Manchmal möchte ich es glauben. Aber in der Begegnung mit Sterbenden habe ich auf jeden Fall gelernt, den Tod als eine Geburt zu neuem Leben zu verstehen. Ich habe erfahren, daß Sterben im Traum, also einem Bild der Seele, und in Wirklichkeit erlebt wird, als werde man an der Hand genommen und geführt.*

*Mit Jairus habe ich in dieser Geschichte das Loslassen und das Vertrauen geübt, was wir beide auch von Berufs wegen nicht besser können als andere.*

*Ich schreibe das als meine Erfahrung. Jeder wird seine eigenen Erfahrungen machen müssen. Vielleicht findet nicht jeder so leicht einen Zugang zu biblischen Geschichten. Inzwischen gibt es immer mehr Gruppen, in denen biblische Geschichten oder Märchen miteinander erlebt und dann auch für das Verstehen der eigenen „Geschichte" fruchtbar gemacht werden. Für uns überwiegend vom Verstand bestimmte Menschen ist es wichtig, daß wir solche Geschichten zuerst einmal erleben und dann erst nachdenken. Trauer und ihre Überwindung sind mehr eine Sache der Seele als des Verstandes.*

### Was kommt nach dem Tod?

Die Frage, was nach dem Tod kommt, wo die Gestorbenen sind, was von ihnen bleibt, habe ich sehr viel seltener von Sterbenden gehört als von Trauernden, die als „Hinterbliebene" verlassen wurden und allein zurück bleiben. Offenbar ist das mehr unser Problem als das der Sterbenden; die haben oft eher Angst vor Schmerzen und vor schlechter Behandlung beim Sterben als vor dem Tod. Wer Menschen beim Sterben begleitet, ist immer wieder überrascht, mit wie wenig Angst, wie gelöst viele über die Schwelle des Todes gehen.

11

„Werde ich nach meinem Tod mein Kind wiedersehen? Woran erkenne ich es? Wie wird es mir begegnen?" Den Wunsch, das gestorbene Kind irgendwann einmal wieder anfassen und in den Arm nehmen zu dürfen, versteht sicher jeder. Aber wer kann diese Fragen beantworten? Sehr schnell stößt man an die Grenzen dessen, was man sich vorstellen kann.

Vielleicht waren die Antworten früher einfacher, als es einigermaßen verbindliche Anschauungen gab: daß sich beim Tod die Seele vom Körper löst oder daß die Toten ruhen, bis sie von Gott auferweckt werden. Verstorbene Kinder stellte man sich gerne als kleine Engel vor. Auch früher wußte man eigentlich nicht, wie das sein wird, sondern man hatte eben Vorstellungen, Bilder. Manche sagen, diese seien weniger von wirklichem Wissen als von den Wünschen und der Angst derer geprägt, die nicht ertragen, daß mit dem Tod „alles aus" sei.

In den letzten Jahren ist, angeregt von den Berichten klinisch Toter, die wieder ins Leben zurückgeholt wurden, eine Fülle von neuen Bildern und Vorstellungen dazugekommen. Zeichnungen todkranker Kinder und Träume von Sterbenden zeigen oft sehr tröstliche Vorstellungen vom Tod und dem „Leben" danach aus dem Unbewußten dieser Menschen. Der Gedanke der Reinkarnation, also der Wiederverkörperung der Gestorbenen in neuen Existenzen, taucht immer wieder auf.

Hier gilt erst recht, daß inneres Wissen und religiöse Erfahrung nur schwer zu unterscheiden sind von Spekulationen, die aus unbewußten Wünschen und Ängsten geboren sind. Aber diese Unterscheidung wäre wichtig. Bei sich selber kann man immerhin die Frage stellen: Glaube ich das nur, weil es meine Ängste beruhigt? Spüre ich bei ehrlichem Nachdenken, daß ich mich selbst ein wenig betrüge und mich womöglich um die wirkliche Trauer drücke?

Eine Mutter, die sehr viel weint, träumt eines Nachts, daß ihr gestorbenes Kind ihr sagt, sie solle jetzt nicht mehr weinen, es gehe ihm sehr gut. Dieser Traum kann auf zwei Ebenen verstanden werden: Als Botschaft, wie es dem Kind nach dem Tod in einer anderen Welt tatsächlich geht, oder als innerseelisches Bild. Beide wollen die Mutter zu einer Veränderung ihres Verhaltens auffordern. Auch wenn man, wie ich, die zweite Möglichkeit vorzieht, wird man doch den tröstlichen Charakter dieses Traums wahrnehmen. Unsere Seele – ich möchte hinzufügen: und durch sie Gott – gibt uns hilfreiche Bilder vom Tod und dem, was danach kommt. Wollte man aus diesen und ähnlichen Träumen aber eine Landkarte des Jenseits konstruieren, würde man ihren Sinn verfehlen. Damit würde man die Toten wieder festhalten, statt sie loszulassen.

Der christliche Glaube malt die „nachtodliche Existenz" nur wenig aus und läßt damit viel Raum für verschiedene Vorstellungen. Er hofft auf eine neue Schöpfung, eine neue Welt, von der es heißt: „Und Gott wird abwischen alle Tränen von ihren Augen, und der Tod wird nicht mehr sein, noch Leid noch Geschrei noch Schmerz wird mehr sein; denn das Erste ist vergangen. Und der auf dem Thron saß, sprach: Siehe, ich mache alles neu!" (Offenbarung des Johannes 21, 3 + 4). Der Gedanke an ein „Wiedersehen nach dem Tod" läßt sich mit der Hoffnung auf eine wirklich neue Schöpfung allerdings kaum vereinbaren. Wichtiger ist, daß die Toten durch Christus erlöst und bei Gott sind, unseren Sorgen und unserem Zugriff entzogen – und daß die Lebenden sich nicht vom Tod, sondern vom Leben faszinieren lassen.

## Nottaufe – ein Ja zum kranken Kind

*„Wenn es.., also wir hoffen ja nicht..., sollen wir im Ernstfall Ihrem Kind die Nottaufe geben?" fragte mich bei der Aufnahme meiner wenige Tage alten Tochter in der zentralen Kinderklinik die Schwester. Sie war erstaunt, daß ich ein heftiges „Nein" sagte. Was sollte die Taufe, wenn mein Kind nicht leben durfte? Außerdem hatte ich sowieso theologische Bedenken gegen die Kindertaufe. Einige Wochen später wurde Judith auf das Drängen meiner Frau hin getauft. Sie wollte unsere Tochter mit Gott in Verbindung bringen, brauchte Gottes Segen für das schwerkranke Kind. Mit dem Wunsch nach der Taufe drückte sie eine Hoffnung aus, die ich mit mehr rationalen Bedenken schier begraben hätte.*

Die Reaktion der „normalen" Umwelt – auch in der Klinik – auf Geburt und Tod von nicht lebensfähigen Kindern heißt oft: Vergeßt das Kind möglichst schnell! Laßt es nicht beerdigen, geht keine emotionale Beziehung zu ihm ein. Kriegt bald wieder ein gesundes Kind! Dahinter steht der verletzende Gedanke, der Tod sei für „so ein Kind" besser als „so ein Leben", es sei vielleicht noch gar kein richtiger und ernstzunehmender Mensch. So direkt und unverblümt wird das freilich niemand sagen, aber solche Gedanken steigen ja in uns selber manchmal auf.

Mit der Taufe bestätigen wir aber auch das nicht lebensfähige, behinderte, möglicherweise mißgestaltete Kind als Geschöpf Gottes, als Kind dieser Eltern, die sich darauf gefreut haben und mit ihm schwanger waren, als einen Menschen mit eigenem Wert. In der Taufe geben wir dem Kind einen Namen und betonen damit, daß es nicht ein „Etwas" ist, nicht nur ein „Frühchen", kein „armes Würmchen", sondern ein von Gott angenommener Mensch. „Wir" — das sind in diesem Fall: die Eltern, die die Taufe wollen, wenn auch unter Bedenken und vielleicht erst nach einigem Zögern, und die Kirche, vertreten durch die Schwester oder den Pfarrer, die das Kind taufen.

Warum werden Nottaufen oft erst im letzten Moment und ohne Eltern oder Verwandte gemacht? Natürlich kann man, wenn bei einem Kind plötzlich ein kritischer Zustand eintritt, nicht mehr lange warten. Die Mutter ist oft nach einem Kaiserschnitt noch gar nicht in der Lage, zur Nottaufe auf die Kinderintensivstation zu kommen. Vielleicht steckt manchmal auch die Angst vor emotionalen Ausbrüchen dahinter. Ob die wirklich nicht sein dürfen? Wenn man Zeit dazu hat, sollte man ruhig Paten und Großeltern oder wirklich gute Freunde zur Nottaufe mitnehmen. Das könnte ein erster Schritt sein, die Familie konkret in die Sorge um das Kind und nachher in die Trauer miteinzubeziehen.

Und wenn Ihr Kind nicht getauft wurde? Es wäre ein sehr engherziges Denken von Gott, wollte man die noch nicht oder nicht mehr getauften Kinder von ihm ausschließen. In der evangelischen Kirche werden nichtgetaufte Kinder bis zur Konfirmation in der Regel so behandelt wie getaufte Kinder, also z. B. kirchlich beerdigt oder zum Religionsunterricht zugelassen. Im „Holländischen Katechismus", einer moderneren katholischen Darstellung des Glaubens, heißt es dazu zusammenfassend: „Im Laufe der Jahrhunderte hat die Kirche aus dem alten Glaubensschatz die folgenden Beweise herausgestellt. Sie begriff immer klarer, daß man drei Wahrheiten auf diese Frage anwenden muß: Zuerst, daß Gott will, daß alle Menschen selig werden. Dazu zählt doch gewiß auch das Kind, das ja nach dem Evangelium von Gott besonders geliebt wird. Zweitens, daß Christus für alle geboren und gestorben ist. Und endlich: daß niemand verlorengeht, es sei denn wegen persönlich begangener Sünden. Auf Grund alles dessen muß es für ungetaufte Kinder einen Weg zum Heil geben. Wie er aber genau aussieht, das wissen wir nicht. Auf jeden Fall wissen wir, daß sie in Christus sind" (Glaubensverkündigung für Erwachsene. Deutsche Ausgabe des Holländischen Katechismus, 1969, S. 284). Leider wurde das später von offizieller Seite wieder etwas korrigiert, aber immerhin nicht ganz zurückgenommen.

14

Die Taufe eines nicht lebensfähigen Kindes ist auch ein Bekenntnis der Eltern zu ihrem Kind als einem Geschöpf Gottes. Wenn das vor dem Tod nicht möglich war, kann man es auch nachher noch innerlich nachholen. Dazu im nächsten Abschnitt noch ein paar Sätze. Das gilt auch für totgeborene Kinder, die natürlich nicht getauft werden können. Denn eigentlich meint Taufe, daß ein Mensch sich symbolisch dem Tod aussetzt, im Wasser und in der Tiefe versinken muß, um daraus mit Gottes Hilfe neu zum Leben zu kommen. An Toten kann man diese Handlung nicht mehr vollziehen. Aber vielleicht kann man die Zeit der Trauer als eine Art Taufe verstehen, wo man wirklich in die Tiefe abtauchen muß und es als Geschenk erlebt, wenn man wieder zum Leben kommt.

## Bausteine für eine Liturgie der Nottaufe

*Einleitung:*

Christus spricht: Kommet her zu mir alle, die ihr mühselig und beladen seid. Ich will euch erquicken.

*Gebet der Eltern oder anstelle der Eltern vor der Taufe:*

Herr, unser Gott, lieber Vater!
Wir haben Angst um das Leben unseres Kindes.
Wir haben uns darauf gefreut und sind nun voller Sorge.
Schon am Anfang des Lebens ist es vom Tod bedroht.
Wir können es kaum glauben und fragen:
Wie soll ein Mensch das verstehen?!
Gott, wir wissen, daß sein Leben in deinen Augen den gleichen Wert hat
wie jedes andere Menschenleben.
Wir bitten dich für das Leben unseres Kindes:
daß du es schützend in deine Hand nimmst;
daß du es im Leben und, wenn es sein muß, auch im Tod
als dein Geschöpf annimmst und es segnest. Amen

*Tauffrage:*

Wollen Sie, daß Ihr Kind NN auf den Namen Gottes,
des Vaters und des Sohnes und des Heiligen Geistes getauft wird?
So antworten Sie: Ja.

*Taufe:*

NN, ich taufe dich auf den Namen Gottes des Vaters und des Sohnes und des Heiligen Geistes. (Dabei wird dreimal mit der Hand Wasser über die Stirn des Kindes gegossen.)

*Segenswort mit Handauflegung:*

Du bist in meinen Augen teuer und wertgeachtet, und ich habe dich lieb.

*Fürbittegebet:*

Gott, wir bitten dich für dieses Kind und für seine Eltern:
daß die Eltern Schmerz und Angst aushalten und den Mut nicht verlieren;
daß sie nicht verzweifeln, wenn sie ihr Kind hergeben müssen,
sondern das Vertrauen zum Leben wiederfinden;
daß sie Menschen finden, mit denen sie ihre Fragen teilen können.
Vater unser im Himmel!
Geheiligt werde dein Name.
Dein Reich komme.
Dein Wille geschehe, wie im Himmel,
so auf Erden.
Unser tägliches Brot gib uns heute.
Und vergib uns unsere Schuld,
wie auch wir vergeben unsern Schuldigern.
Und führe uns nicht in Versuchung,
sondern erlöse uns von dem Bösen.
Denn dein ist das Reich und die Kraft
und die Herrlichkeit in Ewigkeit. Amen

*Segen:*

Der Herr segne uns und behüte uns.
Der Herr lasse sein Angesicht leuchten über uns und sei uns gnädig.
Der Herr erhebe sein Angesicht auf uns und gebe uns Frieden. Amen.

## Abschied nehmen

Trauern heißt Abschied nehmen. Eine öffentliche Form davon ist die Trauerfeier, die Bestattung. Kinder, die gelebt haben, müssen bestattet werden, totgeborene Kinder nur, wenn sie ein bestimmtes Gewicht (1000 g) hatten. Und kleinere Totgeborene? Wenn die Eltern das wollen, sollen sie auch die beerdigen lassen.

Der Gedanke an eine öffentliche Bestattung ist für viele Eltern im ersten Moment sehr abschreckend: die Öffentlichkeit, der Kontakt mit Ämtern, der Gedanke, an einem offenen Grab stehen zu müssen, die Endgültigkeit des Verlustes, die damit dokumentiert wird – das alles erscheint kaum erträglich. Und es ist auch so. Die Bestattung eines Kindes ist eine Zumutung. Sie kann aber auch eine Hilfe sein, dazu zu stehen, daß „mein" Kind tot ist.

Eltern, die ihr totes Kind nicht oder anonym bestatten ließen, machen sich nachher oft Vorwürfe, sie seien ihrem Kind etwas schuldig geblieben. Sie haben keinen Platz, wo sie trauern können. Die Frage, wo das Kind geblieben ist, kann quälend werden. Gräber sind die ältesten Zeugnisse menschlicher Kultur. Es ist offenbar ein sehr tiefsitzendes Bedürfnis, gestorbene Menschen zu bestatten. Und ein gestorbenes oder totgeborenes Kind ist genauso ein Mensch wie ein Erwachsener.

In verschiedenen evangelischen Landeskirchen gibt es zur Zeit Bemühungen, die Bestattung von totgeborenen Kindern neu zu regeln. Eltern soll dazu geholfen werden, ihre toten Kinder – ohne Rücksicht auf das Gewicht, als ob das etwas über das Maß der Trauer sagen würde! – menschenwürdig zu bestatten. Öffentliche Ämter, Mitarbeiter/innen in den Krankenhäusern und auch Pfarrer sind in dieser Frage oft unsicher oder raten aus dem Bedürfnis, sich der Zumutung einer solchen Bestattung zu entziehen, davon ab. Bestattungsunternehmen sind möglicherweise nur am Verdienst interessiert. Eltern, die ihr Kind bestatten lassen wollen, sollten im Zweifelsfall einen guten Freund oder eine von der Trauer nicht so direkt betroffene Vertrauensperson mitnehmen, die ihnen hilft, den öffentlichen Abschied von ihrem Kind so zu gestalten, wie sie es brauchen.

Daß Pfarrer die Bestattung von nicht getauften Kindern ablehnen, ist hoffentlich eine Ausnahme. Man kann sie auf den Text des „Holländischen Katechismus" hinweisen oder einen verständnisvolleren Kollegen suchen; zu einer Auseinandersetzung ist man als Betroffener ja kaum in der Lage.

Und wenn jemand sein Kind nicht bestatten ließ? In einer Kirchengemeinde, die überwiegend aus Flüchtlingen besteht, gibt es im Kirchgarten ein auffallend gut gepflegtes Rosenbeet. Wer will, kann dort statt der Gräber in der alten Heimat, die er nicht mehr besuchen kann, eine Rose pflanzen und pflegen. Man kann sich auf diese Weise (oder auch mit einem „Geburtsteller", einer Taufkerze oder einem anderen bewußt gewählten Symbol) einen konkreten Ort der Trauer und Erinnerung schaffen. Das heißt nicht, daß man dann die Trauer auf ewig pflegen müßte. Auch bei einem richtigen Grab merkt man ja irgendwann, daß man seltener hingeht, vielleicht nur noch aus Pflichtgefühl oder wegen der anderen Leute, und eines Tages wird man es ganz aufgeben – oder sich an der Rose als einer schönen Blume freuen.

Die Bestattung ist die öffentliche Form des Abschieds. Der innere Abschied ist zu diesem Zeitpunkt meist noch nicht möglich. Er beginnt mit dem Anschauen des toten Kindes, mit den letzten Worten, dem Streicheln und Herumtragen, wie das in den Elternberichten und im Beitrag von Karl-Heinz Wehkamp beschrieben ist. Er kann in einem inneren Zwiegespräch beim Besuch des Grabs am ersten Todestag oder auch in vielen kleinen Schritten sich allmählich einstellen. Man kann irgendwann die Worte oder Gesten (zum Beispiel das Taufgebet, das Streicheln des toten Kindes oder ein Abschiedswort), die einem damals noch nicht möglich waren, nachholen, nach innen sprechen – und dann aber auch stehen lassen. Wenn man Angst hat, das alleine zu tun, sollte man es vielleicht in einer Selbsthilfegruppe versuchen, in der man wirklich Verständnis findet, oder bei einer/m Psychologin/en oder Seelsorger/in.


### Abschied nach sieben Jahren

*Ich habe sieben Jahre gebraucht, um von meiner Tochter wirklich Abschied zu nehmen. Am Morgen ihres siebten Todestages war ich zufällig bei einer Tagung, die mit einer Meditationsübung begann. In der Stille war mir der Gedanke an Judith sehr nahe, und ich hatte gleichzeitig das Gefühl, als ob eine unendliche Traurigkeit mich überfallen wollte, und das Bedürfnis, Judith endlich loszulassen, ihr und mir Ruhe zu gönnen. Ich sprach sie innerlich an, als ob sie hier im Raum wäre, und sagte ihr, daß ich sie jetzt loslassen will, daß sie tot sein darf, und befahl sie mit einem Gebet in Gottes Hand. Seitdem kann ich ruhig von ihr reden, muß aber nicht mehr von ihr erzählen.*

*Sieben Jahre später in einer Gruppe, die ein Märchen nacherlebt und interpretiert, in dem das Böse eine zentrale Rolle spielt: In meiner Phantasie taucht ein grünes Gitterbett auf, mit dem ich nichts anzufangen weiß. Erst nachts dämmert mir langsam, daß dies Judiths erstes Bettchen war. Der ganze Schmerz von damals, die Schwierigkeiten zwischen meiner Frau und mir, die schlimme Zeit nach Judiths Tod kommen wieder hoch und kosten mich eine Nacht harter seelischer Arbeit. Noch einmal war offenbar ein Stück Abschied nötig.*

*Ich weiß, daß viele Leute meinen, nach einem Jahr müsse man mit der Trauer fertig sein. Ich habe rund sieben Jahre gebraucht, um wirklich Abschied zu nehmen, und war auch dann noch nicht ganz fertig. Entscheidend ist wohl, daß man auf dem Weg ist.*

*Marianne*

# Jeder muß für sich alleine trauern

Bericht von einer Totgeburt

Im Februar erfuhr ich nach einer Kontrolluntersuchung bei meiner Frauen-ärztin von meiner ersten Schwangerschaft. Mein Mann und ich hatten uns Zeit gelassen mit einem Kind, aber nun waren wir sehr glücklich, bald zu dritt zu sein. Natürlich gab es neben der Freude auch alle Zweifel und Äng-ste, die eine normale Schwangerschaft begleiten. Wird alles gutgehen? Wird unser Kind auch gesund sein? Aber diese Fragen wischte ich immer schnell weg, ich tat ja alles, was in meiner Macht stand. Ich ernährte mich in der Zeit der Schwangerschaft besonders gesund und ließ keine Vorsorge-untersuchung aus. Meine Ärztin bestätigte mir jedesmal, daß wirklich alles in Ordnung sei und es dem Kind gut gehe. Meine gesamte Schwangerschaft verlief absolut komplikationslos. Da ich nicht voll berufstätig war, hatte ich sehr viel Zeit für mich und das Baby. Wir überlegten uns oft mit Freunden Namen für unser Kind, und ich hatte das Gefühl, daß sich unsere Freunde und wir gleichermaßen auf die Ankunft des neuen Erdenbürgers freuen wür-den.

Im letzten Drittel der Schwangerschaft begann ich allmählich die ersten Babysachen zu kaufen. Kollegen meines Mannes, die zum größten Teil schon Kinder hatten, liehen uns Wiege, Kinderwagen und Tragetasche. Ich stellte alles in unser kleines Gästezimmer. Ein Kinderzimmer hatten wir noch nicht, und ich wollte auch erst dann einen Raum umfunktionieren, wenn unser Kind zu Hause sein würde. Nachdem wir uns mehrere Entbindungsstationen in verschiedenen Krankenhäusern angesehen hatten, entschieden wir uns für ein großes Krankenhaus in unserer Stadt. Es verfügte über eine gut ausgestat-tete Säuglingsstation mit einem Kinderarzt.

Bei der Vorstellung des Kreißsaals wurde auch über mögliche Schwierig-keiten bei der Geburt gesprochen. Zange und Saugglocke wurden uns ganz selbstverständlich gezeigt. Mir war dies im Gegensatz zu einigen anderen Frauen nicht unangenehm. Ich wußte, daß Geburten sehr schwierig verlau-fen können, und deshalb fand ich es gut, diese Instrumente einmal zu sehen. Mit dem guten Gefühl, das für mich richtige Krankenhaus gefunden zu ha-ben, gingen mein Mann und ich an diesem Abend nach Hause.

Vier Tage nach dem errechneten Geburtstermin fuhr ich mit leichten Wehen in dieses Krankenhaus. Das CTG ergab, daß die Herztöne zwar regelmäßig, aber die Wehen sehr leicht waren. Ich schlug das Angebot, im Krankenhaus zu bleiben, aus und fuhr mit der Gewißheit, innerhalb von 15 Minuten wieder dort sein zu können, nach Hause. Am späten Abend wurden die Wehen stärker und die Abstände kürzer. In der Nacht fuhren wir erneut ins Krankenhaus. Trotz starker Schmerzen war ich nun froh, bald alles überstanden zu haben.

Ich kam sofort in den Kreißsaal und mußte mich ausziehen. Die Hebammen waren wie immer freundlich und halfen mir, wo sie konnten. Der Wehenschreiber und das CTG wurden geholt. Die Wehen waren nun sehr stark, was mir auch die Hebamme bestätigte. Nur die Herztöne des Kindes waren nicht zu finden. Nach einigen Versuchen mit den verschiedensten Geräten wurden die Gesichter der Hebammen sehr ernst, und auch mein Mann blickte sehr besorgt. Der Assistenzarzt, der mittlerweile dazugekommen war, ließ sofort den diensthabenden Oberarzt rufen. In der Zwischenzeit legte man mir eine Infusion an und kümmerte sich weiterhin liebevoll um mich. Ich wagte nicht zu fragen, was denn passiert sei; ich wartete auf den Oberarzt, er würde mir helfen können.

Dieser Arzt wiederholte alle zuvor gemachten Untersuchungen. Ich war verzweifelt, da auch er sehr ernst und besorgt aussah. Nach endlosen Minuten holte er sich einen Stuhl und setzte sich neben mein Bett. Ich hatte nun eine panische Angst und sehr starke Wehen. Der Arzt nahm meine Hand und teilte mir und meinem Mann mit, daß unser Kind tot sei. Er sagte dies sehr langsam und mit unendlichem Bedauern. Er schickte alle Anwesenden aus dem Zimmer und wollte uns für eine kurze Zeit alleine lassen. Mein Mann weinte und hielt meine Hand fest. Ich hatte das Gefühl, wie versteinert zu sein. Der Satz „Es tut mir leid, Ihnen sagen zu müssen, daß Ihr Kind tot ist" hämmerte mir unentwegt ins Gehirn. Warum gerade ich? Ich hatte doch alles getan, um ein gesundes Kind zu bekommen! Und dann der Trost, das alles könnte nur ein Versehen sein.

Die physischen Schmerzen der Geburt sollten mir erspart bleiben, und so bekam ich Schmerz- und Beruhigungsmittel. Die Preßwehen setzten bald ein, und ganz automatisch tat ich das, was Hebamme und Arzt mir sagten. Ich glaubte immer noch, daß dieser Alptraum bald zu Ende wäre. Als unser Kind geboren war und zwei Hebammen es in ein großes Handtuch hüllten und hinaustrugen, wurde mir zum erstenmal klar, daß unser Kind wirklich tot war. In diesem Moment kam mir alles so furchtbar sinnlos vor, ich weinte ganz fürchterlich und war nicht mehr zu beruhigen.

Nach einiger Zeit kam unsere Hebamme herein und sagte, sie hätte das Kind gewaschen und wir sollten es nun bekommen, um uns verabschieden zu können, es wäre ein süßes kleines Mädchen, und wir müßten es sehen.

Ich wollte meine Tochter auch sofort sehen, nur mein Mann war damit nicht einverstanden und weinte sehr. Nach einer Weile hatte der Arzt meinen Mann überredet, und das Kind wurde uns hereingebracht. Wir hatten nun sehr viel Zeit und Ruhe, uns von unserem kleinen Mädchen zu verabschieden. Sie bekam den Namen Judith. Wir schauten uns sehr genau die kleinen Hände und Füße an, die mich so manche Nacht um meinen Schlaf gebracht hatten. Es war für uns beide ein wunderschönes kleines Mädchen mit dunklen Haaren. Trotz der großen Trauer und der Tränen, die wir weinten, war die Stunde des Abschieds doch sehr friedlich. Judith lag in unseren Armen, wir streichelten sie und hatten beide das Gefühl, sie würde nun schlafen. Gelegentlich kam unsere Hebamme herein, ging aber dann leise wieder hinaus, um uns nicht zu stören. Nach etwa zwei Stunden rief ich sie, um ihr das Kind zu übergeben. Als Judith hinausgetragen wurde, fühlte ich mich unendlich leer und ausgelaugt. Ich war müde und wäre am liebsten mit meinem Mann nach Hause gefahren. Unser Arzt meinte aber, daß ich den ganzen Tag im Krankenhaus bleiben müsse, am Abend aber zu meinem Mann nach Hause sollte. Für diesen Vorschlag war ich ihm sehr dankbar.

In diesem Haus war es auch selbstverständlich, daß ich nicht auf die Wöchnerinnenstation kam, sondern auf meinen Wunsch in ein Einzelzimmer gelegt wurde. Ich wollte alleine sein. Mein Mann fuhr nach Hause, und den ganzen Tag verbrachte ich in einem Dämmerschlaf, aus dem ich immer wieder erschreckt hochfuhr. Ich weinte, zitterte vor Verzweiflung und schlief abwechselnd. Die Zeit schien stehenzubleiben.

Meine Hebamme kam noch einmal ins Krankenzimmer, um sich von mir zu verabschieden. Ich dankte ihr für alles, was sie für mich in dieser Nacht getan hatte. Wir weinten beide, und sie umarmte mich spontan.

Am Abend kamen mein Mann und ein Freund, um mich abzuholen. Ich ging in unser kleines Gästezimmer, die Wiege und der Kinderwagen waren nicht mehr da. Ich war so verzweifelt, daß ich nun laut losweinte. Es kamen noch einige Freunde, und es war ein trauriger Abend.

Die Nächte waren jedoch weitaus quälender als die Tage. Von vermeintlichem Kindergeschrei wurde ich am Anfang oft wach und mußte dann immer wieder feststellen, daß unser Haus leer war und kein Kind nach mir rufen würde. Eine Woche blieb mein Mann zu Hause – er wurde krankgeschrieben – , danach kam eine Freundin zu mir, so daß ich in den ersten Wochen nicht alleine war.

Nach zwei Wochen wurde unsere Judith beerdigt. Es war so schrecklich, hinter einem kleinen weißen Sarg herzugehen. Nach der Beerdigung wollten wir für ein paar Tage wegfahren, aber wir waren beide nicht in der Lage dazu. Drei Monate später fuhren wir in Urlaub und haben dann seit langer Zeit mal wieder über unser Kind gesprochen und zusammen geweint.

Der Tod unseres Kindes hat uns zusammenrücken lassen, da wir feststellen mußten, wie zerbrechlich das Glück sein kann, aber in der größten Trauer konnten wir einander nicht helfen. Jeder mußte für sich alleine trauern. Wir hatten aber gute Freunde, die unsere Wut und unseren Schmerz auffangen konnten.

Ein Jahr ist es nun her, daß unsere Tochter gestorben ist, und nun besteht bei uns der starke Wunsch, ein zweites Kind zu bekommen.

*Eltern, die ihr Kind vor, während oder gleich nach der Geburt verloren haben, sollte es ermöglicht werden, ihr Kind anzusehen, es zu berühren und vielleicht sogar in den Arm zu nehmen, unabhängig davon, ob es in den Augen der Ärzte und/oder der Hebammen mißgebildet ist oder nicht. Erfahrungsgemäß akzeptieren Eltern ihr Kind auch in einem solchen Fall. Sie finden immer etwas Schönes an ihm. Dieses Berühren und Begreifen – im wahrsten Sinn des Wortes – hilft ihnen dabei, eine endgültige Beziehung herzustellen und die Realität zu erfassen. Erst wenn die Mutter oder der Vater das Gefühl haben, loslassen und Abschied nehmen zu können, sollte nach den Bestattungswünschen gefragt werden.*

*Haben auch Geschwister und andere Familienmitglieder das Baby anschauen und sich verabschieden können, werden sie es später leichter haben, immer wieder über das tote Kind zu sprechen.*

# Als ob eine Sternschnuppe vom Himmel gefallen wäre

Tod sechs Tage nach der Geburt

Es ist Donnerstag, der 17. Juni 1982, gerade bin ich erwachsen geworden. Unser Sohn, Matthias, auf den wir uns so gefreut haben, ist nur sechs Tage nach einer Kaiserschnittgeburt an einer Lungenentzündung gestorben.

Wie sehr habe ich in diesen sechs Tagen gebangt und gehofft, immer mit dem Schlimmsten rechnend. Schon im Kreißsaal war auf einmal die Gewißheit da, daß nun alles zu Ende sei und wir Matthias nie mit nach Hause nehmen würden. Als Hermann dann am Tag nach der Entbindung viel Gutes berichtete, daß sich Matthias' Atmung und sein Blutsauerstoffgehalt verbessert hätten, er sogar Reflexe zeigte, da mußte ich vor Freude weinen. Montags sah es schon wieder anders aus, Matthias schien eine Sepsis zu haben. Wie gern hätte ich ihn besucht, aber man erlaubte es mir wegen angeblicher Infektionsgefahr nicht. Noch einen Tag später verschlechterte sich das Bild, der Blutsauerstoff sank, ein Kinderarzt suchte mich auf und erzählte mir ohne Umschweife, daß Matthias' Chancen 50 : 50 stünden. Man hatte die Ursache für seinen schlechten Zustand noch nicht gefunden. Es wurden stärkere Medikamente ausprobiert, um den Körper vor Vergiftungserscheinungen zu bewahren. Mittlerweile vermutete man auch einen Herzfehler, was sich jedoch nicht bestätigte. Am selben Nachmittag stimmten wir einer Dialyse zu, die Nieren schafften ihre Arbeit nicht mehr. Sie waren, was zu befürchten war, nach 35 Schwangerschaftswochen noch nicht voll ausgereift. Obwohl bei so kleinen Kindern eine Dialyse kritisch ist, hofften wir, daß alles gut ginge. Endlich war auch eine endgültige Diagnose da – Lungenentzündung.

Mittwochs erfuhren wir, daß die Dialyse erfolgreich war, der Blutsauerstoffwert war gestiegen; ich schöpfte wieder Hoffnung. Donnerstagmorgen berichtete die Nachtschwester, daß Matthias eine gute Nacht gehabt hätte und ich ihn heute sicherlich besuchen dürfte – nach sechs Tagen!

Doch mein Besuch ist eigentlich keiner mehr, es ist ein Abschiednehmen, denn Matthias stirbt, als wir zur Tür herein kommen. Wie gern hätte ich ihn lebend gesehen, ihn auf den Arm genommen, zu ihm gesprochen! Nun ist es zu spät. Wenigstens Hermann konnte ihn so oft wie möglich besuchen, wenigstens er hat eine greifbare Erinnerung. Der diensthabende Arzt gibt mir die Erlaubnis, Matthias zu streicheln, doch so dankbar ich dafür bin, so traurig bin ich, denn wenige Stunden zuvor hätte er es noch gespürt. Nie werde ich begreifen, warum man eine Mutter nicht zu ihrem Kind läßt!

Während ich unseren Sohn streichle, seine kleinen zarten Finger berühre, mein Blick langsam über seinen schmalen Körper gleitet und ich versuche, mir sein Gesicht einzuprägen, denke ich daran, daß dieses Kind in meinem Bauch gewesen ist, so ein kleines, komplettes Menschlein. Es ist ein hübsches Baby mit blonden Locken, und er sieht so friedlich aus. Eine tiefe Wärme steigt in mir hoch, ich bin bereit, mein Kind aufzunehmen. Muttergefühle? Aber Matthias wird nicht mit mir gehen, er ist schon weit fort. Warum hat er nicht auf mich gewartet? Ich wollte ihm erklären, weshalb ich nicht bei ihm sein konnte, daß es nicht meine Schuld war. War er enttäuscht von mir? Hat er deswegen seinen Lebenskampf aufgegeben?

Neben der großen, stillen Freude über mein Kind macht sich eine tiefe Traurigkeit breit, Trauer darüber, daß nun alles zu Ende ist, bevor es angefangen hat. Ich möchte ihn in meine Arme nehmen, an mich drücken, aber ich traue mich nicht, dieses Ansinnen vorzutragen, habe Angst, man bezeichnet mich als verrückt, sogar als pietätlos. Dabei möchte ich nur meinem Instinkt folgen. Eine Wand ist zwischen Matthias und mir, erst aus Haut, dann aus Glas und später aus Holz. Gedanken habe ich mir viel über Dich gemacht, aber kennenlernen werde ich Dich nun nie. Es ist, als ob eine Sternschnuppe vom Himmel gefallen wäre; kaum, daß man sie wahrgenommen hat, ist sie auch schon erloschen.

Wie froh bin ich, daß ich Matthias wenigstens dieses eine Mal sehen, ihn berühren kann. Obwohl ich sechs Tage lang um ihn gebangt habe, mit der Ungewißheit leben mußte, ob er seinen Lebenskampf gewinnen würde, war immer auch ein Gefühl des Unwirklichen da, ob ich tatsächlich ein Kind geboren hatte. Wäre nicht eine feuerrote Narbe auf meinem Bauch, meine Zweifel wären sicher noch stärker. Gut, daß ich mich später immer an dieses Bild von Matthias im Inkubator erinnern kann; und ich hoffe, daß das Foto, das Hermann von ihm gemacht hat, etwas geworden ist. Nicht nur für uns ein Beweis seiner Existenz, auch den nachfolgenden Geschwistern und der restlichen Familie fällt es so bestimmt leichter, Matthias als Mitglied aufzunehmen.

Hermann steht fassungslos neben mir, er hatte die Möglichkeit von Matthias' Sterben einfach ausgeklammert. Nun trifft es ihn um so härter, er weint, geht hinaus.

Der Arzt spricht vorsichtig eine Obduktion an, dem Team ist nicht ganz klar, weshalb Matthias gestorben ist. Es ist auch für uns wichtig, Genaueres zu wissen, sollten wir uns für ein weiteres Kind entscheiden. Wir stimmen zu. So strikt ich in den letzten Tagen eine neue Schwangerschaft abgelehnt habe − nun wird mir plötzlich klar, daß ich noch einmal ein Baby haben möchte, dem ich diese ganze Liebe schenken kann, die ich jetzt so stark in mir spüre. Es ist eine ungeheure Kraft, die einen immer stärker werdenden Druck ausübt, der mich fast erstickt.

Ich erwirke meine vorzeitige Entlassung aus dem Krankenhaus und fahre mit Hermann nach Hause. Der Druck in mir ist weg, hat einer tiefen Leere Platz gemacht. Mit leeren Händen, leerem Bauch komme ich nach Hause, ich fühle mich klein, alt, grau, habe Mühe zu laufen. Es erscheint mir alles so sinnlos. Ist das noch dieselbe Welt wie vor sechs Tagen? Dieser blaue Himmel über mir, die Sonne − alles erscheint mir wie Hohn. Wozu diese ganze Schönheit, wenn solche grausamen Dinge geschehen!

Anfangs können Hermann und ich noch zusammen weinen, immer wieder reden wir über die Dinge, die nicht geschehen sind, und das, was hätte sein können. Mich bedrücken in starkem Maße Schuldgefühle. Hätte ich mich anders verhalten, bestimmte Dinge nicht tun sollen, obwohl ich mich wohl gefühlt habe? Sagt man nicht, Schwangere sollen am besten das tun, wobei sie sich gut fühlen? Aber mich beschäftigt auch, daß ich nicht stärker darum gekämpft habe, Matthias sehen zu können, er hat mich sicher vermißt, und ich ahnte doch, daß er nie mit nach Hause kommen würde. Meine Gedanken kreisen immer wieder um meine Ernährungsweise, jahrelang habe ich nur das Nötigste gegessen, nur um ja kein Gramm zuzunehmen. Habe ich damit den Grundstein zu der Plazentainsuffizienz gelegt? Mein Körper war verantwortlich für die Ernährung meines Kindes, es war doch abhängig von mir! Oder hätten Hermann und ich nicht miteinander schlafen sollen? Seit unserem letzten Zusammensein hatte ich häufig starke Kontraktionen. Vermindern Kontraktionen nicht die Plazentadurchblutung?

Nach außen habe ich kaum Kontakt, keiner weiß, wie er mit mir umgehen soll. Die üblichen Trostworte „Es wird schon wieder werden!" − „Man kann eben nicht alles haben, was man will" oder: „Sie können ja noch Kinder bekommen!" lassen mich verstummen. Sie zeigen mir, daß man Matthias nicht als vollwertigen Menschen akzeptiert, hat er doch „kaum gelebt". Stirbt ein Erwachsener, so gibt es immer wieder Gespräche über diese und jene Begebenheit, auch über seine Krankheit, schließlich hatte er in der Gemeinschaft gelebt. Niemand fragt nach meiner Entbindung, fragt, wie wir unser Kind genannt haben. Aber man kann Matthias doch nicht einfach übergehen, er ist unser erstes Kind, egal, ob er auf der Lohnsteuerkarte aufgeführt wird oder nicht! Darüber hinaus fühle ich mich minderwertig, nicht als Mutter anerkannt. Begegne ich Schwangeren oder Müttern mit Kinderwagen, spüre ich Haßgefühle in mir aufsteigen, die mich erschrecken, ich neide diesen fremden Frauen ihre Kinder.

Bekannte und Freunde haben sich zurückgezogen, weil sie nicht wissen, was sie sagen sollen. Selbst mit Eltern und Schwiegereltern wird „darüber" nicht geredet, jeder scheut das Thema. So ziehe ich mich in mich selbst zurück, bleibe allein mit meiner Verzweiflung, meinen Schuldgefühlen, meinem Selbsthaß, meiner Trauer, werde so auch für andere unerreichbar. Selbst das Radio kann ich nicht anschalten, die Töne sind mir zu fremd, sie sind aus einer anderen Welt. Manchmal meine ich, zwei Personen zu sein: die eine reagiert mechanisch, die andere schaut stumm und unbeweglich zu. Finden diese Personen wieder zusammen? Zeitweise denke ich, ich verliere mich selbst.

Es gibt Probleme mit der Beerdigung, niemand will unseren kleinen Sohn unter die Erde bringen. Matthias war nicht notgetauft worden und somit kein Mitglied der Kirche; wozu sollte er dann eine kirchliche Bestattung haben? Mir ist diese Haltung völlig unverständlich, darüber hinaus frage ich mich, wo die christliche Einstellung bleibt. Ist es christlich, Eltern, die ihrem Kind einen würdigen Abschied geben wollen, von einem Pfarrer zum anderen zu verweisen? Ein Würdenträger empfiehlt uns, Matthias im Krematorium noch aussegnen zu lassen, dann könne er guten Gewissens die Beisetzung übernehmen. Wir beschließen, einen Pastor der anderen Seite zu fragen, plötzlich ist die Beerdigung möglich.

Matthias ist fünf Wochen tot, und Hermann hat mir gesagt, daß er sich weigert, weiter über „Wenn", „Aber" und „Warum" zu reden. Für ihn haben diese Gespräche Sadistisches an sich, er will einen Schlußstrich ziehen, um neu anzufangen. Für mich dagegen ist das Reden wichtig, vielleicht finde ich doch irgendwo eine Antwort auf die Frage nach dem Tod eines so kleinen Kindes. Hermann möchte die „Normalisierung" unserer Ehe, in jeder Beziehung, doch ich kann nicht da weitermachen, wo wir vor Matthias' Geburt aufgehört haben, es ist zuviel, zu Entscheidendes geschehen.

Seit sechs Wochen läuft meine Milch, trotz Abstilltabletten, mir scheint, mein Körper ignoriert, was geschehen ist. Könnte ich das nur auch! Stattdessen heule ich mich morgens wach, liege stundenlang im Bett ohne einen Gedanken an Mahlzeiten oder Körperpflege, wozu auch? Die Erkenntnis, daß Matthias tot ist, trifft mich jedes Mal neu, es ist wie ein Schlag in die Magengrube, und das Luftholen, das Vorwärtsdenken, tut ungeheuer weh und ist sehr mühevoll. Wäre es nicht das beste und einfachste, auch tot zu sein? Vielleicht wäre ich dann bei meinem Kind! Mich beschäftigt die Frage, wo sein Geist ist; sein Körper ist längst eingeäschert. Ich habe keinen Glauben an Gott, und selbst wenn ich ihn hätte, kämen mir Zweifel, wie jemand, der unschuldige Kinder sterben läßt, gütig sein kann. Oder wollte Er mich − falls es ihn doch geben sollte − für etwas bestrafen? Sollte das alles eine Lektion von Ihm gewesen sein? So etwas Furchtbares haben wir doch gar nicht getan, daß Er uns das antun könnte. Doch andererseits muß ich an etwas glauben, an ein Wiedersehen zum Beispiel, wie sonst sollte ich diesen Schmerz ertragen? Die Vorstellung an ein Wiedersehen nach dem Tod hat etwas Beruhigendes an sich, aber sie paßt nicht in mein Weltbild!

Wenn ich abends im Bett liege, bin ich noch stundenlang wach, heule mich schließlich in den Schlaf, leise, um Hermann nicht zu wecken. Manchmal bin ich auch wütend auf ihn, sollte er mich denn nicht in den Arm nehmen und trösten? Er liegt ruhig da und schläft, es scheint, als sei für ihn mit der Weigerung, weitere Gespräche zu führen, das Problem erledigt. Ist das so einfach? Und wenn es für ihn erledigt ist, müßte er mir dann nicht helfen, einen Weg zu finden? Wir reden kaum noch miteinander, andererseits deutet Hermann an, daß er gern wieder mit mir schlafen würde, etwas, was ich im Moment vollkommen ablehne, ich bin viel zu sehr damit beschäftigt, Trümmer einzusammeln. Meine größte Angst ist, ihn nun auch zu verlieren.

Es gibt Momente, da meine ich, laut schreien und meinen Kopf gegen die Wand schlagen zu müssen. Ist es so, wenn man den Verstand verliert?

Ich muß mich entscheiden, ob ich so weitermachen oder wieder leben will, wenngleich „Leben" jetzt auch eine ganz andere Bedeutung bekommt. So vieles, was früher wichtig war, ist nebensächlich geworden, anderes in den Vordergrund gerückt. Als erstes muß ich Eltern finden, die das Gleiche erlebt haben wie wir, ich glaube, daß mir Gespräche mit anderen Betroffenen weiterhelfen können, auch meiner Ehe, die, wenn es so mit uns weitergeht, bald keine mehr ist.

Als ich vor vierzehn Tagen das letzte Mal am Grab war, ist Hermann nicht mitgegangen, mir ist, als wolle er Matthias aus seinem Leben streichen. Für mich ist das eine Flucht vor der Realität, aber wenn er so leben will, haben wir nicht mehr viel Gemeinsames. Könnte er nicht wenigstens Matthias' Namen benutzen? Wenn er sagt „das Kind", dann klingt es für mich, als ob er ein fremdes Wesen meint. Ob andere Väter genauso reagiert haben?

Nach einem achttägigen Urlaub, den ich zusammen mit einer Freundin verbracht habe, um Abstand zu gewinnen, gibt es zwischen Hermann und mir eines Sonntagmorgens eine Auseinandersetzung, ich explodiere, weil ich dieses Schweigen nicht mehr aushalte. Vieles kommt „auf den Tisch", Sichtweisen werden gegenübergestellt, Erklärungen gefordert, es wird auf beiden Seiten viel geweint. Ist die Mauer zwischen uns endlich durchbrochen? Wir wollen einen neuen Anfang wagen, wollen es besser machen, werben um Verständnis füreinander. Auch die Frage nach einem weiteren Kind wird angesprochen; seit Matthias tot ist, wünsche ich mir nichts sehnlicher, als ein Baby im Arm zu halten. Die Ärzte hatten mir sechs Monate Schonzeit aufgetragen, sie erscheinen mir endlos, und doch sind sie bald um. Hermann stimmt einer neuen Schwangerschaft in absehbarer Zeit zu, wenngleich − wie ich meine − auch nur mit halbem Herzen.

Nun muß mein Körper zeigen, ob er etwas kann, meine Angst, nie mehr schwanger werden zu können, macht mich fast wahnsinnig. Was ist, wenn es nicht mehr klappt?

Ich denke über eine neue Schwangerschaft, über ein neues Baby nach. Es soll kein Ersatz für Matthias sein, und doch wird es zunächst wohl so aussehen. Mir ist, als ob ich Matthias schon mit diesem Gedanken an eine neue Schwangerschaft verrate, wie wird es erst sein, wenn ich wirklich schwanger bin? Und was ist, wenn wieder etwas passiert? Verkrafte ich noch einmal den

Verlust eines Kindes? Zerbricht dann nicht unsere Ehe? Kann ich mich überhaupt über diese Schwangerschaft freuen, sie genießen? Wie groß werden die Ängste in diesen 40 Wochen sein, werde ich nicht überängstlich in mich hineinhorchen, bei jedem Ziehen den Arzt aufsuchen, vorsichtig darauf achten, daß sich das Baby auch genug bewegt? Kann ich dieses Mal spontan entbinden? Welches Krankenhaus bietet mir die optimale Sicherheit? Ich würde kilometerweit fahren! Wird die Geburt länger als normal dauern, weil ich nicht loslassen, mich vom Baby trennen kann? Werde ich darauf achten, daß unser zweites Kind ein eigenständiges kleines Wesen ist, ohne Vergleiche anzustellen? Mit einem Mädchen wäre es zweifellos einfacher. Was ist, wenn es ein Junge wird? Und neigt man nicht zu Übervorsichtigkeit, weil man Angst hat, daß diesem Kind etwas zustoßen könnte? Je mehr ich mich mit einer weiteren Schwangerschaft beschäftige, um so klarer wird mir, daß Matthias nie mehr da sein wird, so viele Kinder ich auch noch bekommen werde. Es macht mich unendlich traurig.

Ich merke, daß mir manches wieder leichter fällt, für kurze Zeit stelle ich sogar das Radio an, allerdings bevorzuge ich klassische Musik, etwas, was recht neu für mich ist. Letzte Woche waren wir mit Bekannten essen, und ich konnte sogar einmal lachen. Fast wäre mir dieses Lachen im Hals stecken geblieben, so erschrocken war ich darüber, ich schämte mich entsetzlich.

Wenn ich jetzt die letzten Tage überdenke, meine ich, daß ich einen Schritt vorwärts gegangen bin, es ermutigt mich. Natürlich wird es auch Zeiten geben, in denen es mir wieder schlechter geht, in denen ich nicht begreifen werde, warum Matthias sterben mußte; verstehen werde ich das sicherlich nie. Aber ich muß mich mit den Gegebenheiten abfinden, es kann sonst kein Morgen geben.

Heute ist Sylvester, ein Jahr ist vergangen, das voller Freude begann und dann einen so tragischen Verlauf nahm. Wie wird das Neue werden? Etwas nehmen wir schon mit hinüber − die Gewißheit, daß wir wieder ein Baby erwarten.

Der errechnete Geburtstermin unserer Tochter verstreicht, ohne daß auch nur die geringsten Anzeichen einer baldigen Geburt zu spüren sind. Ich nehme diesen Tag zum Anlaß, über die vergangenen neun Monate nachzudenken, die für Hermann und mich alles andere als leicht waren. Er konnte sich wohl schon bald über dieses Kind freuen, ich dagegen habe versucht, alle Gefühle – gute wie schlechte – von mir fernzuhalten. Wäre mir nicht ein halbes Jahr lang übel gewesen, ich hätte wohl versucht, die Schwangerschaft zu ignorieren.

Vorbereitungen habe ich kaum getroffen. Das gefürchtete schlechte Gewissen hat sich manchmal eingestellt. Als ich an Matthias' Geburtstag auf dem Friedhof war, spürte ich diesen Konflikt sehr deutlich. Da stand ich, weinte an seinem Grab und spürte gleichzeitig das neue Leben in mir. Einerseits schämte ich mich Matthias gegenüber, ein weiteres Kind auf die Welt zu bringen, von dem ich hoffte, daß es leben würde, andererseits bedrückte mich der Gedanke, um Matthias zu weinen, während ich das Baby im Bauch hatte. Ich wollte beiden gerecht werden und konnte es nicht. In dem Moment wünschte ich noch etwas mit einer neuen Schwangerschaft gewartet zu haben, ich merkte, daß meine Trauerarbeit noch nicht beendet war. Ließ ich doch einmal ein kleines bißchen Freude zu, setzte sofort mein Verstand ein, der mit allen möglichen Einwänden, was in den nächsten Monaten noch alles passieren könne, diesen kleinen Funken wieder zum Erlöschen brachte. Hätte ich doch nur nicht in den dicken medizinischen Büchern nach den Ursachen für das Ende der letzten Schwangerschaft geforscht, dann hätte ich nicht so viele Schreckensbilder in meinem Kopf. Mein Arzt versucht mir von seiner Seite aus alle Bedenken zu nehmen, sooft ich ein Problem habe, darf ich ihn anrufen.

Natürlich sind die gefürchteten Frühwehen eingetreten, in der 30. Schwangerschaftswoche bekam ich eine Cerclage, die man vor drei Wochen gelöst hat. Bis dahin hatte ich fast den ganzen Tag über Wehen, daher blieb ich viel liegen, kam kaum noch aus dem Haus. Seit nun der Faden gezogen ist, bleiben die Wehen aus, sogar das Fahrrad habe ich wieder aus dem Keller geholt, irgendwie habe ich nun gar keine Angst mehr. Die Fruchtblase mußte bis zur 37. Woche stehen, von da ab wären die Chancen für das Baby groß genug gewesen. Nun habe ich eine „richtige" Schwangerschaftsdauer von 40 Wochen hinter mir, und unsere Tochter – ich bin mir sicher, daß es ein Mädchen ist – denkt gar nicht daran, aus ihrer Höhle zu schlüpfen, sie läßt uns warten. Ich bin zwar ein bißchen verärgert, daß der Termin ohne eine einzige Kontraktion verstreicht, schließlich hat es viel Nerven gekostet, ihn zu erreichen, andererseits fühle ich mich wohl, unbeschwert, alle Ängste sind von mir abgefallen. Mein Gynäkologe ist aus dem Urlaub zurück und kann so bei der Entbindung dabei sein, Wehenschreiber und Amnioskopie zeigen keinerlei Befund auf, ein Kinderarzt wird bei der Entbindung dabei sein und das Baby gleich untersuchen.

Sieben Tage später wird Kristina auf normalem Weg geboren, der Arzt hat die Entbindung eingeleitet, um kein weiteres Risiko einzugehen. Sehr glücklich sind wir darüber nicht, aber wir sind froh, daß nun alles vorüber ist. Die kinderärztliche Untersuchung ergibt keinerlei Anhaltspunkte für eine Störung ihrer Gesundheit. Noch sind meine Berührungen zaghaft, noch traue ich mich nicht, sie fest in den Arm zu nehmen. Anders Kristina. Sie blinzelt mich mit einem Auge an, als wolle sie sagen „Na, zufrieden?", dreht dann den Kopf suchend hin und her und macht sich mit gesundem Appetit über meine Brust her.

Wir sind glücklich, aber wissen auch, daß noch lange nicht alle Probleme vergessen sind; es werden neue hinzu kommen, aber wir glauben, daß wir sie meistern werden.

Die erste Zeit mit Kristina ist nicht einfach, sie muß viel von meinen Ängsten und Widersprüchen in der Schwangerschaft mitbekommen haben. Sie hat Schwierigkeiten in den Schlaf zu finden, kommt häufig nur auf unserem Arm zur Ruhe, sucht immer wieder intensive körperliche Nähe. Manchmal meine ich, sie will in mich hineinkriechen, so als ob sie nur dort sicher wäre. Bekommt sie zu wenig innerliche Zuwendung von mir? In den ersten Wochen ist sie für mich Kristina, aber dann geschieht es manchmal, daß sich die Bilder von Kristina und Matthias vemischen und ich nicht mehr genau weiß, wer da eigentlich neben mir liegt. Gewaltsam rufe ich mir dann in Erinnerung, daß Matthias tot ist und daß dies hier Kristina ist. Aber diese Phase geht schnell vorbei, und als ich lerne, sie als etwas Eigenständiges anzusehen, werden ihre Schlafprobleme geringer, ihr Anklammern läßt etwas nach, und wir können unser interessiertes und intelligentes kleines Mädchen genießen.

In dieser Zeit nach Matthias' Tod habe ich viel gelernt, ich hätte nie gedacht, daß Erwachsenwerden auf solch eine bittere Erfahrung zurückzuführen sein kann. Und doch habe ich diese schwere Zeit mittlerweile ins Positive umsetzen können: ich bin selbständiger geworden, habe gemerkt, daß tiefe Krisen auch ohne große Hilfe von außen zu bewältigen sind; daß es allein auf mich ankommt, wie tief ich mich ziehen lasse, andere können vielleicht Beistand leisten, gehen muß ich diesen Weg jedoch allein. Ich habe andere Wertigkeiten gesetzt, bin sensibler geworden für Leid um mich herum. Bei der Suche nach anderen Betroffenen entstand eine Initiative für Eltern in gleicher Situation, die beim Versuch, wieder leben zu lernen, helfen möchte. Und nicht zuletzt haben wir diesem Leid Kristinas Existenz zu verdanken, die in der ihr eigenen Art sonst nie geboren worden wäre. Auch im Umgang mit ihr ist meine Erfahrung spürbar, ich muß oft daran denken, wie kostbar ihr Leben ist und wie schnell Glück vergehen kann.

*Im ersten Augenblick, wenn man mit dem Tod seines Kindes konfrontiert wird, denkt man an seinen Partner und daran, daß dieser sicher helfen wird, den Schmerz erträglicher zu machen. Oft wird diese Hoffnung jedoch enttäuscht. Ist es da verwunderlich, wenn der andere sich abkapselt und auf seine Art mit dem Verlust fertig werden möchte? Viele haben in so einem Moment auch nicht die Kraft, die Last für beide zu tragen.*

*Man sollte sich darüber im klaren sein, daß Trauerarbeit eine Menge Kraft braucht, über die man im Moment vielleicht nicht in dem Maße verfügt. Es braucht Zeit, die Geschehnisse zu verarbeiten, auch wenn andere meinen, man sollte sich nun langsam wieder fangen, es sei genug Zeit vergangen. Schon Kleinigkeiten wie Kochen, Aufstehen und Spazierengehen verlangen dem Körper in dieser Situation unverhältnismäßig viel Energie ab. Ruhepausen – auch wenn sie zum Nachdenken führen – werden immer wieder nötig sein. Und trotzdem können kleinere oder größere Erledigungen dabei helfen, wieder in den Alltag zurückzukehren.*

*Freunde oder Bekannte können ihre Unterstützung anbieten, indem sie anfangs Einkäufe erledigen, Kinder betreuen oder beim Reinigen der Wohnung helfen. Das Angebot, das bereits eingerichtete Kinderzimmer auszuräumen und die gerichteten Babysachen wieder einzupacken, sollte man jedoch mit den Eltern absprechen. Vielleicht möchten sie auf diese Weise noch einmal von ihrem Kind Abschied nehmen.*

# Heute kann ich an Matthias denken, ohne daß es mir weh tut

Tod sechs Tage nach der Geburt

Wie schreibt man nach fünf Jahren über den Tod seines Kindes? Kann man so ein Erlebnis überhaupt beschreiben? Vielleicht hätte ich es gleich damals tun sollen, ich habe es versäumt. Obwohl Barbara mich gedrängt hatte, es zu tun. Aber ich hatte nicht das Bedürfnis dazu, und deshalb war es wohl auch richtig so. Diese sechs kurzen und doch sehr langen Tage von Matthias' Geburt bis zu seinem Tod und was danach kam, sind in sehr eindringlichen, klaren Bildern in mir drin, mit allen schmerzhaften, traurigen, resignierten, aber auch schönen Empfindungen. Es ist so schwer, das ganze Spektrum der äußeren und inneren Abläufe, Entwicklungen, Gefühle in dieser Zeit in letzten Endes doch unvollkommene, viel zu enge Worte zu zwängen. Ob es mir heute gelingt, ist fraglich.

Was ist wichtig, was weniger wichtig? Ich weiß es nicht sicher. Die Bilder jedenfalls, die mir zuerst in den Sinn kommen, sind die von der ersten und die von der letzten Begegnung mit Matthias. Daneben tritt alles andere erst mal ein wenig in den Hintergrund.

Der Morgen, an dem Matthias geboren werden sollte, oder vielmehr mußte, denn es dauert noch einige Wochen bis zu dem errechneten Termin, ist gekommen: 12. Juni. Sectio, das unheilvolle Wort, viel bedrohlicher noch als die deutsche Bezeichnung Kaiserschnitt, steht im Raum. Ich spreche noch einmal mit dem leitenden Arzt, möchte Barbara diese Prozedur ersparen. Eigentlich habe ich hauptsächlich Angst um sie, weniger um unser Baby, obwohl es mir auch wichtig ist. Aber der Arzt hat die besseren Argumente: Plazentainsuffizienz, Mangelernährung, Gefahr für das Baby. Also ist der Kaiserschnitt unumgänglich.

Ich gehe zu Barbara, die schon die Nacht in der Universitätsklinik verbracht hat, um noch einmal mit ihr zu sprechen. Sie ist in einem erbärmlichen Zustand, hat die ganze Nacht nicht geschlafen, steckt voller düsterer Vorahnungen, voller Ängste, die ich ihr nicht nehmen kann. Und daß ich jetzt auch Angst habe, spürt sie deutlich. Was jetzt kommt, geht alles sehr schnell. Wir sind im Vorbereitungsraum, Barbara bekommt schon nach der Vorbereitungsspritze Atemnot; kein guter Anfang. Etwas hilflos begleite ich Barbara noch bis zum OP. Und dann das Warten, das mir gar nicht so lange vorkommt. Nach etwa 50 Minuten bringt man mich in irgendein Nebenzimmer, weitgehend wortlos, zieht mir einen weißen Kittel an. Nur ein paar Worte sagt die Schwester: „Ihr Kind ist da, es ist ein Sohn." — Pause — „Ach ja, herzlichen Glückwunsch!" Warum dieses Zögern vor dem Glückwunsch?

Die Intimität dieses kahlen Raumes ist überwältigend: hier soll ich mein Kind zum ersten Mal sehen? Die Tür öffnet sich wieder, und ein Inkubator wird hereingeschoben. Darin liegt ein winziges Baby, mein Kind, in eine weiße Windel gehüllt.

Matthias ist da. Freude kommt nur sehr zögernd in mir hoch, denn ich sehe und spüre, daß es ihm nicht so gut geht. Sein Anblick berührt mich sehr, Tränen steigen mir in die Augen. Ich streichle die zarte, überwiegend rosige, aber etwas bläulich verfärbte Haut des kleinen Wesens, das ich in diesem Moment als mein Kind annehme. Matthias atmet sehr angestrengt und geräuschvoll. Stöhnatmung, wie man mir später erklärt. Ich habe den Wunsch, Matthias in den Arm zu nehmen, weiß aber, daß es nicht geht, denn er braucht die mit Sauerstoff angereicherte Luft des Brutkastens. Auf der Fläche unterhalb des Brutkastens steht eine Nierenschale mit der Plazenta von Matthias. Der Anblick des jetzt nutzlosen, blutigen Fleischlappens stört mich zwar nicht, erinnert mich aber daran, daß Matthias hier für die Ärzte in erster Linie ein Fall ist.

Während ich Matthias streichle, kommt wieder Hoffnung in mir auf. Hoffnung, die sich auf nichts weiter gründet, als auf den Willen, unser Kind zu behalten. Mein Optimismus setzt sich durch, diese positive irrationale Kraft, die so wichtig für mich ist. Die Kinderärztin, die bei dem Kaiserschnitt dabei war, erzählt mir, daß Matthias wegen seiner Atemprobleme auf die Intensivstation der Kinderklinik komme und daß es wohl einige Wochen dauern werde, bis wir ihn mit nach Hause nehmen könnten. Mit nach Hause nehmen: mir kommen nicht die geringsten Zweifel, daß das so sein wird.

Der Transportwagen, mit dem Matthias' Inkubator zur Kinderklinik gebracht werden soll, ist eingetroffen. Ich könnte gleich mit rüber fahren, will jetzt aber erst Barbara sehen. Sie ist gerade aufgewacht und hat starke Schmerzen. Ich erzähle ihr, wie es Matthias geht, und versuche ihr Mut zu machen. Sie tut mir so leid. Schmerzen, Hilflosigkeit und das Bewußtsein, weder heute noch morgen ihr Kind in den Arm nehmen zu können, das sie doch eben geboren hat, das alles macht ihr wohl zu schaffen.

Der nächste Tag ist der letzte, der, im nachhinein objektiv besehen, Anlaß zur Hoffnung geben konnte. Matthias geht es leidlich gut. Die bläuliche Hautfarbe ist verschwunden. Er zeigt sogar Reflexe und schließt seine winzige Faust um meinen Zeigefinger, das erste und einzige Mal. Ich wünsche mir, Barbara hätte das auch erleben können, es hätte ihr sicher Kraft gegeben. Auf Barbaras Wunsch hin mache ich ein Foto, aber nur eines. Warum auch mehr? Matthias wird ja bald bei uns zu Hause sein.

Vom dritten Tag an mache ich Barbara und vor allem mir etwas vor. Es geht Matthias wieder schlechter. Ich höre zwar, was die Ärzte sagen, sie reden von Sepsis, Azidose, eventuell Neugeborenenpneumonie, aber ich nehme es nicht wahr, ich will es nicht wahrnehmen. Dabei habe ich mir ein Buch über Neonatologie gekauft, lese täglich ungefragt sein Krankenblatt und könnte eigentlich aus den Diagnosen und den verabreichten Medikamenten entnehmen, daß Matthias kaum noch eine Chance hat. Aber ich verdränge einfach alles. Daß ich Barbara damit betrüge, weil sie nicht wie ich die Möglichkeit hat, sich in der Intensivstation selbst ein Bild von Matthias' Zustand zu machen, ist mir dabei nicht voll bewußt. Vielleicht habe ich auch Angst, daß Barbara mit ihrem schonungslosen Pessimismus all meine Hoffnungen zerstört. Allerdings sind auch die Ärzte an dieser Situation nicht ganz unschuldig. Sie drücken sich angesichts meiner Erwartungshaltung immer so vage aus, daß mir sehr viel Interpretationsspielraum bleibt.

Dann der sechste Tag, der letzte in Matthias' kurzem Leben. Barbara ruft mich an, die Ärzte hätten ihr überraschend empfohlen, Matthias zu besuchen, es ginge ihm nicht gut. Ich versuche sie zu beruhigen, denn noch immer will ich die Realität nicht wahrhaben. Deshalb habe ich es auch gar nicht so eilig, in die Klinik zu kommen. Ich hole Barbara mit dem Auto ab, und wir fahren den kurzen Weg hinüber zur Kinderklinik. Der Weg durch die Gänge ist mir in den wenigen Tagen schon sehr vertraut geworden. Ebenso das Ritual vor dem eigentlichen Zutritt zur Baby-Intensivstation: Hände desinfizieren, Kittel überziehen, nochmal Hände desinfizieren. Ich erwarte auch, nichts anderes zu sehen als die Tage zuvor: einen friedlich daliegenden Matthias im zweiten Brutkasten rechts. Aber das große Aufgebot an umherstehenden Ärzten und Schwestern zeigt schon an, daß etwas geschehen sein muß. Matthias ist in dem Moment gestorben, als wir hereinkamen. Es ist, als wenn jemand versucht, mich mit einem brutalen Schlag in die Wirklichkeit zurückzuversetzen. Ich bin wie gelähmt. Das ganze optimistische Gedankengebäude, die Phantasien von der allmählichen Besserung, von dem Tag, an dem wir unser Baby abholen dürfen, und von den ersten Tagen zu dritt in unserer Wohnung, das alles bricht in diesem Augenblick zusammen, ist sinnlos geworden. Ich will es einfach nicht glauben, daß er tot ist; werfe nur einen kurzen Blick auf ihn, sehe seine entspannten Gesichtszüge, sehe, daß die ganzen Schläuche weg sind, die seinen kleinen Körper sonst veränderten. Barbara ist viel gefaßter als ich, wahrscheinlich, weil sie sich schon viel früher mit der Möglichkeit auseinandergesetzt hatte, daß Matthias sterben könnte. Sie tritt näher, greift in den Brutkasten und streichelt ihn. Ich kann ihn jetzt nicht berühren, habe Angst zu spüren, daß er tot ist. Irgendwo setze ich mich hin und bitte eine der Krankenschwestern um ein Taschentuch. Wir wechseln noch ein paar Worte mit dem Oberarzt, es geht um Obduktion und Beerdigung, dann gehen wir Arm in Arm hinaus. Als meine Tränen nachlassen, habe ich es endlich voll und ganz realisiert: Matthias ist tot und wird nie mit uns nach Hause gehen.

Barbara wird vorzeitig aus der Klinik entlassen, und wir dürfen zusammen nach Hause fahren. Darüber bin ich sehr erleichtert; nichts wäre schlimmer, als jetzt alleine in der Wohnung zu sein. Auch für Barbara ist es besser, denn die Frau, mit der sie das Zimmer in der Klinik teilt, hat inzwischen ein gesundes Baby bekommen. Zuhause legen wir uns zusammen ins Bett, heulen vor uns hin, reden über Matthias. Wie er gestorben ist, warum er sterben mußte, ob sein Tod vermeidbar war, wer oder was schuld daran ist.

Barbara ist sehr stark mit der Schuldfrage beschäftigt: Schuldig sind die Ärzte, weil sie sich zu spät zu einem Kaiserschnitt entschlossen haben, weil sie es versäumt haben, Barbara rechtzeitig Cortison zu injizieren zur Förderung der Lungenreife des Babys; wegen ihrer Unfähigkeit, eine klare Diagnose in Matthias' ersten beiden Lebenstagen zu stellen. Schuldig fühlt sich aber auch Barbara selbst. Sie fragt sich, ob sie zu wenig gegessen hat, ob sie sich zu einseitig ernährt hat, ob sie für das Baby gefährliche Medikamente genommen hat. Hat sie sich zu lange der Sonnenbestrahlung ausgesetzt? Hätte sie nicht nach Florenz fahren dürfen? Für mich sind diese ganzen Schuldzuweisungen und vor allem die Selbstvorwürfe unverständlich. Was in Barbara vorgeht, weiß ich nicht. Wie sie ihre Ursachenketten bei der Schuldzuweisung knüpft, kann ich oft nicht nachvollziehen. Ich fühle deutlich, daß sie auch mir einen Teil Schuld anrechnet. Warum, weiß ich nicht. Mache ich es mir zu einfach, wenn ich nicht bei mir nach Schuld suche, wenn ich nicht andere beschuldige? Sicher, ich möchte auch genau wissen, wie es dazu kam, daß Matthias so krank wurde und sterben mußte. Aber ich brauche keinen Schuldigen. Ich denke, daß niemand irgendeine Schuld trägt. Immer wieder versuche ich, Barbara ihre Schuldgefühle auszureden, so gut ich kann. Seltsamerweise reagiert sie eher aggressiv auf meine Versuche. Aber andererseits wäre es doch Wahnsinn, sie in ihren Schuldgefühlen zu bestätigen.

Auch den Ärzten gebe ich keine Schuld. Sie haben sicher Fehler gemacht, waren unsicher in Diagnose und Therapie, aber sie zeigten sich auch fühlbar betroffen. Kein Mensch handelt, ohne Fehler zu machen. Warum sollten wir das von den Ärzten verlangen?

Auch Gott mache ich nicht verantwortlich für Matthias' Tod. Zwar habe ich oft gebetet, daß Matthias am Leben bleibt und wieder gesund wird. Doch ich sehe diese Gebete nicht als Geschäft an, erwarte nicht zwingend eine Gegenleistung. – Bei den Briefen, die Barbara ein halbes Jahr später auf eine Anzeige hin erhält, sind auch einige, die rein religiösen Trost anbieten, durchaus in guter Absicht, aber sehr naiv. Mit „Gott hat' s gegeben, Gott hat' s genommen", können wir nichts anfangen. Ebensowenig mit „Gott wollte sie prüfen" (Hiob läßt grüßen). Es ärgert mich, daß es Menschen gibt, die eine solch atavistisch anmutende, archaisch-alttestamentarische Auffassung von Gott haben und solchen Mist über uns ausschütten. Um uns zu prüfen, braucht Gott sicher keine Babys als Blutopfer.

Die Gespräche mit Barbara, die immer in einem Sumpf von Ausweglosigkeit enden, ohne irgendeinen Hoffnungsschimmer, machen mich auf Dauer völlig fertig. Wenn es jetzt irgendwie weitergehen soll, muß ich mich von Matthias' Tod lösen, ohne ihn zu vergessen, muß mich allmählich wieder mit der Zukunft beschäftigen, mit einer erträglichen Zukunft, was ja nicht gleichbedeutend ist mit nachlassender oder unvollkommener Trauer. Irgendwann sage ich Barbara, daß ich so nicht mehr mit ihr reden kann. Sie interpretiert das als totale Gesprächsverweigerung, dabei brauche ich nur ganz dringend eine Regenerationsphase. Als mir dieses Mißverständnis klar wird, ist es schon fast zu spät. Wir rücken beide sehr weit voneinander ab, reden kaum noch miteinander. Außerdem habe ich das Gefühl, daß Barbara meine Art von stiller Trauer nicht akzeptieren kann und will. Sie will Trauer und Schmerz ständig aus sich herausschreien. Nur, was für sie gut ist, muß doch nicht auch für mich gut sein. Ich spüre, daß sie meine Trauer für halbherzig, für minderwertig hält, und das tut mir weh. So weh, wie ihr wohl meine Gesprächsverweigerung getan hat. Dabei wollte ich ja mit ihr reden, nur eben anders; mit einem kleinen Silberstreif am Horizont. Sicher, heute würde ich mit Barbara in gleicher Situation mehr reden, um ihr zu helfen, um diese schmerzhafte Entfremdung zu vermeiden. Aber ich glaube, daß ich trotzdem wieder phasenweise das Bedürfnis hätte, nur still in mir zu trauern, daß zeitweise Verdrängung wichtig für mich wäre, um mich wieder zu fangen und wieder nach vorn zu blicken.

Als Barbara sich irgendwann in einem aggressiven, heftigen Ausbruch entlädt, sind wir schon sehr weit voneinander weg. Wir führen zwar bei diesem Anlaß mal wieder ein längeres Gespräch, aber ohne aufeinander zuzugehen. Barbara ist mir gegenüber mal kalt abweisend, mal sehr aggressiv, und ich weiß nicht, wie ich damit umgehen soll. Ich möchte gerne, daß wir uns wieder näherkommen, aber sie läßt mir keine Chance, an sie heranzukommen. Das alles nagt sehr an mir, meine psychische Kraft geht langsam zu Ende. Noch schwerer wird die Situation dadurch, daß man mir an meinem Arbeitsplatz wenig Verständnis in der Zeit nach Matthias' Tod entgegenbringt. Die Wiederaufnahme der Arbeit nach dem Tod eines Kindes, Chance und Last zugleich, ist wohl überwiegend ein männerspezifisches Problem. Als ich eine Woche nach Matthias' Tod wieder ins Büro gehe, ist meine Schonfrist schon vorbei. Man erwartet von mir wieder volle Leistung, die ich natürlich nicht bringen kann. Einige Kollegen und auch mein Chef äußern die Meinung, daß es ja ohnehin mehr die Frauen treffe, wenn ein Baby stirbt; alte Klischees, die schmerzen. Daß ich mich während der Schwangerschaft auch auf unser Kind gefreut habe, mich auf es hin entwickelt habe, daß es schon vor der Geburt mein Kind war, verstehen sie nicht. Sicher bin ich manchmal froh, mich durch die äußeren Zwänge der Arbeit, die Regelmäßigkeit des Tagesablaufs etwas ablenken zu können. Andererseits gibt es Phasen, während denen ich mich im Büro gerne gehen lassen würde, lieber nach Hause zu Barbara fahren oder einen Spaziergang zum Nachdenken machen würde – und es nicht kann. Aus heutiger Sicht muß ich sagen, es hätte mir sicher gut getan, nach Matthias' Tod einige Wochen nicht arbeiten zu müssen.

Die Reaktionen unserer Freunde und Bekannten signalisieren Hilflosigkeit. Sie wissen nicht, wie sie mit uns umgehen sollen, wie sie uns helfen können, und ziehen sich von uns zurück, was Barbara mit viel Bitterkeit aufnimmt. Sicher wäre es für uns hilfreicher gewesen, wenn sie in den ersten Wochen nach Matthias' Tod aktiv auf uns zugegangen wären. Andererseits sind Hilflosigkeit und Unsicherheit auch Zeichen von Betroffenheit und nicht von Gleichgültigkeit, weshalb ich letzten Endes niemandem etwas nachtrage. Um gerecht zu sein, muß ich auch sagen, daß Barbara und ich uns phasenweise ziemlich eingeigelt haben, Signale von außen nicht wahrnehmen wollten, es allen schwer machten, an uns heranzukommen.

Als bei mir dann irgendwann Selbstmordgedanken auftreten und immer drängender werden, beginne ich eine Gesprächstherapie bei einer Therapeutin, die noch in der Ausbildungsphase steckt. Die Gespräche mit ihr geben mir sehr viel und bauen mich langsam wieder auf. Allerdings zeichnet sich sehr bald ab, daß ich die Therapie weniger brauche, um Matthias' Tod aufzuarbeiten, als vielmehr um mit unseren Beziehungsproblemen fertig zu werden, vor allem mit Barbaras Kälte und Ablehnung, ihrer Verweigerung jeder Zärtlichkeit.

Barbara und ich beschließen recht bald, es wieder mit einer Schwangerschaft zu versuchen. Doch ist dieser Wunsch nach einem weiteren Kind nichts Gemeinsames, Verbindendes. Jeder von uns beiden wünscht sich isoliert, ohne großen Bezug zum anderen, ein Kind. Als wir dann wieder miteinander schlafen, signalisiert mir Barbara sehr deutlich, daß es sich um reine „Zeugungsakte" handelt, ohne wirkliche körperliche Annäherung. Das tut mir sehr weh und läßt mich natürlich auch nicht viel dabei empfinden. Manchmal komme ich mir mißbraucht vor (Privileg der Frauen?), obwohl ich mir ja auch sehr ein Kind wünsche. Viele Menschen glauben, in der Trauerzeit ihre Sexualität nicht mehr zulassen zu dürfen, wie ich später erfahre. Ich halte das für ein folgenschweres Mißverständnis im Hinblick auf die Partnerschaft, denn körperliche Liebe ist auch eine Form der Kommunikation zwischen den Partnern und kann für den einzelnen sehr viel Trost bedeuten.

Nach einem halben Jahr ist Barbara wieder schwanger. Aber diese Schwangerschaft bringt uns kaum näher zusammen. Während Barbara sehr pessimistisch und von schrecklichen, oft irrationalen Ängsten geplagt die neun Monate über sich ergehen läßt, bin ich von Anfang an sehr zuversichtlich und glaube fest daran, daß uns dieses Baby bleiben wird. Ich freue mich ohne schlechtes Gewissen gegenüber Matthias auf unser zweites Kind. Als Kristina geboren wird, nehme ich sie als selbständiges Wesen an. Sie ist nicht Matthias, und sie ist auch kein Ersatz für Matthias. Sie kann nichts dafür, daß sie lebt, während er sterben mußte. Ich liebe sie sehr und habe, so paradox das klingen mag, keine Angst um sie, gerade weil ich sie liebe.

Wenn ich heute an Matthias denke, so kann ich das ohne Bitterkeit und ohne daß es mir wehtut. Sein Bild hat sich fest in mir eingeprägt, und deshalb kann ich ihn auch nicht vergessen. Während der Schwangerschaft habe ich mich auf ihn gefreut, und ich habe ihn sechs Tage lang leben sehen und ihn berühren dürfen in der Hoffnung, ihn eines Tage bei uns zu Hause zu haben. Das war einfach schön, und nichts, auch nicht sein Tod, kann mir das wieder nehmen. Was bleibt und immer noch schmerzt, sind die Veränderungen, die Matthias' Tod und die Zeit danach in der Partnerschaft zwischen Barbara und mir hinterlassen haben, verbunden mit der Befürchtung, die alte Vertrautheit könnte nie wieder zurückkehren. Auch das wäre Trauerarbeit wert.

*Meistens sind es die Männer, die sich in ihrer Trauer verschließen, während Frauen das Bedürfnis haben, mit anderen all die Dinge zu besprechen, die auf sie einstürzen. Nicht selten steht für den Mann, gerade beim Tod des ersten Kindes, nun wieder die Beziehung zur Frau im Vordergrund, er sorgt sich um ihr Wohlergehen, ist darauf bedacht, ihr weitere Sorgen zu ersparen. In vielen Fällen trennt dieses Erlebnis die Eltern, anstatt daß sie sich aneinander aufrichten können. Dann kann das Gefühl entstehen, als sei plötzlich eine Wand zwischen ihnen. Es ist deshalb wichtig, daß die Partner nach einer angemessenen Ruhezeit das Gespräch miteinander wieder suchen und daß einer dem andern klarmacht, was sein Schweigen für ihn bedeutet. Wenn es allein nicht möglich ist, einen Anfang zu finden, so können eventuell Freunde, ein Arzt des Vertrauens oder ein Psychotherapeut behilflich sein. Dieser Weg ist gar nicht so selten, wie es erscheinen mag.*

*Vielleicht ist es auch möglich, den Kontakt zu anderen betroffenen Eltern zu suchen (mit Hilfe eines Arztes, einer Beratungsstelle oder einer Anzeige in der Zeitung); dies hat den Vorteil, daß man mit Menschen redet, die die durchlebte Situation genau kennen und verstehen.*

*Man sollte sich vor allem darüber klar sein, daß das Verhältnis zueinander einen Wandel durchmacht, sei es in positiver oder in negativer Weise. Viele gehen bewußter miteinander um, weil sie wissen, wie unberechenbar und zerbrechlich das Glück ist. Angst, nun auch noch den Partner zu verlieren, kann die Beziehung überschatten. Es besteht die Gefahr des Anklammerns und Erdrückens.*

*Ingeburg*

# Nun haben wir auch unser zweites Kind verloren

Tod eines zu früh geborenen Kindes mit Mißbildungen
und Fehlgeburt infolge einer Infektion

Als ich erfuhr, daß ich schwanger war, war ich anfangs ziemlich verzweifelt.
Zwar hatte ich schon seit langer Zeit die Pille abgesetzt, weil Uwe und ich
uns ein Kind wünschten. Aber zu diesem Zeitpunkt hatten wir mit einer
Schwangerschaft überhaupt nicht gerechnet.

Wir dachten zunächst an Abbruch bzw. Unterbrechung, weil ich in den
Wochen zuvor wegen einer an sich harmlosen Erkrankung verschiedene Medikamente hatte einnehmen müssen und sogar − wenn auch nur am Fuß −
geröntgt worden war. Außerdem hatten wir über die Feiertage Freunde in
England besucht, und ich hatte an den feuchtfröhlichen Abenden dort auch
reichlich von dem mitgebrachten Wein getrunken. Trotz allem konnte mein
Arzt mich beruhigen. Er ging davon aus, daß es für den Fall einer Schädigung
des Kindes zur Fehlgeburt kommen werde, was aber unwahrscheinlich sei.

Langsam freuten wir uns nun doch auf unser Kind, und da wir eine „richtige" Familie sein wollten, heirateten wir nach achtjähriger Partnerschaft.

Die Schwangerschaft verlief ziemlich komplikationslos. Ich hatte zwar hin
und wieder leichte Blutungen, die sich jedoch als harmlos herausstellten. An-
sonsten fühlte ich mich topfit und genoß meinen Zustand mit zunehmendem
Bauchumfang immer mehr. Im humangenetischen Institut hatte man uns
von einer Fruchtwasseruntersuchung abgeraten. Wir hatten uns dort vor-
sichtshalber beraten lassen, weil Uwe schon über 40 war. Man erklärte uns,
daß nach neuesten medizinischen Erkenntnissen in erster Linie das Alter der
Frau eine Rolle spiele. So hatten wir keine Befürchtungen mehr, ein geschä-
digtes Kind zu erwarten; ich war ja „erst" 29. Auch lagen aufgrund unserer
Familiengeschichte keine Risiken vor.

Im Juni, genau drei Monate vor dem errechneten Entbindungstermin,
segelten wir mit unserem Boot nach Schweden. Es wurden vier sehr schöne
Urlaubswochen zu „dritt", die wir ganz besonders genossen haben. Unser
Baby strampelte nun so stark, daß auch der werdende Vater es spüren konnte,

und wir empfanden es als besonders schön, wenn wir morgens alle drei gemeinsam aufwachten. Auch die Wochenenden nach dem Urlaub verbrachten wir noch regelmäßig auf der Ostsee.

Während der Woche war ich beruflich voll im Einsatz, so daß zu Hause fürs Baby noch so gut wie gar keine Vorbereitungen getroffen worden waren. Da ich mich nach wie vor rundherum wohl fühlte, verzichtete ich freiwillig auf die ersten zwei Wochen meines Mutterschutzurlaubs. Ich wurde während der noch immer andauernden Urlaubszeit im Büro dringend gebraucht. So nahm ich mir vor, das für das Baby geplante Zimmer erst in den letzten Wochen vor der Geburt herzurichten.

Dazu kam es dann aber nicht mehr. Vier Wochen vor dem errechneten Geburtstermin bekam ich nach einem anstrengenden Arbeitstag plötzlich Wehen, die ich bis spät in die Nacht eigentlich nur als Senkwehen angesehen hatte. Ausgerechnet in dieser Nacht war ich allein zu Hause, da Uwe während der Woche in Holland arbeitete. Die Wehen wurden immer stärker, so daß ich nicht schlafen konnte und schließlich mitten in der Nacht meine Schwester anrief. Sie — bereits zweifache Mutter — prophezeite mir morgens um 4 Uhr zu Recht, daß das Baby bald da sein müsse. So rief ich mir also einen Krankenwagen, und eine dreiviertel Stunde nach meiner Ankunft im Krankenhaus wurde unser Sohn Karsten geboren.

Ich war völlig erschöpft, aber restlos glücklich, als ich mein Kind laut und vernehmlich schreien hörte. Leider bekam ich den Kleinen gar nicht zu sehen. Man brachte ihn sofort auf die Neugeborenen-Intensivstation. Nach einiger Zeit fragte ich dann den Arzt, ob ich nun einen Jungen oder ein Mädchen hatte. Er entschuldigte sich sofort, weil er es auch nicht wußte. Es sei ja schließlich alles so schnell gegangen, daß er gar nicht darauf geachtet habe. Der Arzt ging noch einmal in die Kinderklinik, um nachzufragen, und gratulierte mir dann zu meinem Sohn, meinte aber gleichzeitig, das Baby sei noch sehr klein, es müsse wohl noch eine ganze Weile im Brutkasten bleiben. Auf meine Frage, ob das schlimm sei, erklärte er ausweichend, daß man das „im allgemeinen in den Griff bekomme".

Kurz darauf erschien die mir bereits angekündigte Kinderärztin. Sie erklärte mir, daß Karstens Haut ungewöhnlich weich sei, man wolle nun noch einige Untersuchungen vornehmen. Der Kleine müsse auch noch geröntgt werden.

Zu diesem Zeitpunkt machte ich mir noch keine ernsthaften Sorgen um mein Kind. Ich war angesichts der anstrengenden vergangenen 24 Stunden kaum in der Lage, vernünftig nachzudenken. Mir fehlte einfach der Schlaf. Außerdem wußte ich, daß das Krankenhaus gut ausgerüstet ist, und fühlte mich dort – zumindest medizinisch gesehen – gut aufgehoben. Daß mein Baby im Brutkasten lag, hielt ich für völlig normal bei einer Frühgeburt von nur 2250 g.

Bevor ich auf die Station gebracht wurde, versprach man mir, daß ich mein Kind am Nachmittag besuchen dürfe. Die Ärztin wollte eigentlich auch gleich ein Sofortbild von dem Kleinen machen. Leider hat sie später nicht mehr an das versprochene Foto gedacht.

Als Uwe nachmittags endlich ankam, machten wir uns sofort auf den Weg zur Säuglingsstation. Ich durfte noch nicht so viel herumlaufen; deshalb schob Uwe mich in einem Rollstuhl. Auf der Intensivstation hatten wir glücklicherweise etwa 15 Minuten Zeit, den Kleinen zu bewundern. Er war natürlich winzig, aber immerhin doch noch größer als die anderen Babys, die dort in ihren Brutkästen lagen.

Für uns sah Karsten völlig normal aus. Nur seine Händchen und Füßchen waren ein wenig schlaff, was mich zu diesem Zeitpunkt aber noch nicht weiter beunruhigte. Ich dachte, ein wenig Krankengymnastik werde wohl dagegen helfen.

Wir waren stolz, ein so hübsches Baby zu haben, an dem auch wirklich „alles dran" war, stellten auch einige Ähnlichkeiten fest. Die Schwester öffnete den Brutkasten, so daß ich Karsten streicheln konnte, und ich war glücklich, daß er bei dieser Berührung einschlief, nachdem er vorher leise vor sich hingeweint hatte.

Dann kam der Chefarzt der Kinderklinik und erklärte uns ohne viele Worte, wie schlecht es um Karsten stand: Dem Kleinen fehlte ein Teil der Schädeldecke, und einige Halswirbel waren verdreht und beeinträchtigten dadurch zum Teil das Nervensystem. Die Überlebenschancen waren nur sehr gering. Sollte Karsten überleben, sei mit schweren körperlichen und wahrscheinlich auch geistigen Behinderungen zu rechnen.

Ich fiel nach dieser Eröffnung sofort in Ohnmacht. Uwe hat mir viel später erzählt, daß Karsten daraufhin laut geschrien habe, als ob er mich wieder aufwecken wollte. Aber das war wohl Zufall.

Später sprachen wir in einem Nebenzimmer weiter mit dem Arzt über unser Kind. Uwe und ich hielten uns ganz fest bei den Händen. Wir konnten und wollten einfach nicht glauben, daß dieses niedliche Baby so krank sein sollte. Man sah ihm schließlich nichts an! Der Kopf lag auch nicht irgendwie frei, sondern sah ganz normal aus. Und unser Karsten hatte so schöne dunkle Haare!

Wie wir die nächsten Stunden verbrachten, ist mir nur noch bruchstückhaft in Erinnerung.

Auf meiner Station wußte man offenbar nichts von Karstens Zustand. Abends kam die Nachtschwester und gratulierte mir freudestrahlend zu meinem Baby. Ich sollte noch am selben Tag an die elektrische Milchpumpe angeschlossen werden, damit es später auch wirklich mit dem Stillen klappen würde. Erst langsam sprach es sich herum, daß ich mein Baby mit Sicherheit verlieren würde.

Zum Glück war ich in der allgemeinen Gynäkologie untergebracht. Durch Zufall war meine Bettnachbarin eine ältere Dame, die gerade am selben Tag erfahren hatte, daß sie unheilbar an Krebs erkrankt war. So war es eigentlich ganz gut, daß wir nachts miteinander reden und weinen konnten.

An einem Sonnabend, am 10. August, starb unser kleiner Karsten. Genau 36 Stunden und 50 Minuten hatte er gelebt. Ich wollte mein Kind unbedingt noch einmal sehen, Uwe eigentlich lieber nicht. Er kam dann aber trotzdem mit, weil er mich nicht allein lassen wollte. Beim Anblick seines toten Kindes brach Uwe völlig zusammen. Ich habe ihn damals zum ersten und letzten Mal weinen sehen. Während der Arzt ihn hinausbrachte, blieb ich noch eine ganze Weile bei unserem Sohn. Eine sehr liebe Krankenschwester war bei mir. Sie hatte Karsten noch notgetauft. Ich habe den Kleinen gestreichelt und mit ihm gesprochen und gebetet. Das letzte, was ich zu ihm sagte, war: „Nun muß ich zu Deinem Papa, der braucht mich jetzt dringender."

Irgendwie haben wir dann die nächsten Tage überstanden. Ich wunderte mich, daß Uwe so ruhig und gelassen war, wenn er mich im Krankenhaus besuchte. Später erst hat er mir gestanden, während dieser Zeit Psychopharmaka genommen zu haben.

Da die Entbindung relativ normal und einfach gelaufen war, sollte ich schon nach drei Tagen aus dem Krankenhaus entlassen werden. Am Abend vor der Entlassung hatte ich plötzlich derartig viel Milch, daß die Gefahr einer Brustentzündung bestand. Die Abstillmedikamente, die ich offenbar zu spät eingenommen hatte, halfen dann schließlich über das Schlimmste hinweg. Aber meine Brust hat danach noch Monate getropft, was natürlich nicht gerade dazu beitrug, mein psychisches Gleichgewicht wiederherzustellen. Überhaupt war es für uns beide sehr schwer, nun zu lernen, wie wir mit unserem neuen Schicksal am besten leben sollten.

Wir hatten unseren Sohn zur Obduktion freigegeben, weil wir hofften, damit zumindest der Wissenschaft noch einen Dienst erweisen zu können. Karsten ist später auf dem Friedhof der Universitätsklinik anonym beigesetzt worden. Eine Beerdigung im üblichen Sinne hat also nicht stattgefunden, so daß wir keine Erinnerungsstätte haben. Nur ein sehr schöner Geburtsteller schmückt unser Wohnzimmer. Aber selbst dieser Teller wird nicht von allen akzeptiert. Manche denken wohl, daß es besser wäre, wenn wir Karsten völlig aus unserem Gedächtnis streichen würden.

Als ich damals aus dem Krankenhaus kam, haben wir unser Leben zumindest nach außen hin wieder schnell in den Griff bekommen. Wir haben vieles zusammen unternommen, fuhren wieder regelmäßig zum Segeln, und auch mein Beruf nahm mich bald wieder voll in Anspruch. Bereits drei Wochen nach der Geburt ging ich wieder ins Büro. So haben wir ständig für uns selbst für Ablenkung gesorgt, ohne dabei zu merken, daß wir dadurch unseren eigentlichen Schmerz nicht verarbeiten konnten.

Wir lebten und arbeiteten genauso wie früher. Die meisten Mitmenschen, die wir beruflich und auch privat kannten, taten so, als sei nichts gewesen. Unser totes Kind und unsere ganze Trauer wurden – leider nicht zuletzt auch von uns selbst – totgeschwiegen. Nur mit meiner Schwester und meiner Freundin konnte ich während dieser ersten doch sehr schweren Zeit über meine Gefühle sprechen. Ich war immer sehr froh, wenn mich mal jemand daraufhin ansprach, weil ich mich selbst gar nicht traute, dieses Thema anzuschneiden.

Schlimm waren die ja eigentlich gut gemeinten Äußerungen wie: „Vielleicht solltet Ihr froh sein, daß Euer Kind gestorben ist. Mit einem behinderten Kind hättet Ihr Euch doch eine große Last aufgebürdet." Oder: „Wie gut, daß Ihr Euer Baby noch nicht zu Hause hattet!" Solche Aussagen habe ich immer ziemlich kommentarlos hingenommen. Ich empfand sie als leer, sie halfen kein bißchen.

Als ich nach ein paar Monaten zufällig von der Existenz der Gruppe „Regenbogen" erfuhr, habe ich mir gleich eine Broschüre für verwaiste Eltern schicken lassen. Aus diesem Heft, das Uwe und ich in aller Ruhe gemeinsam gelesen haben, merkten wir schließlich, wie wichtig es ist, den Schmerz um den Verlust des Kindes nicht einfach zu verdrängen, sondern über die Erlebnisse zu sprechen, um die damit verbundenen Probleme besser verarbeiten zu können. Auch der Briefkontakt zu anderen betroffenen Müttern hat mir und Uwe, der die Korrespondenz passiv mitverfolgte, sehr geholfen.

Ende November erfuhren wir dann endlich die letzten Untersuchungs-ergebnisse. Karstens Fehlbildungen waren auf eine Neumutation zurück-zuführen und „höchstwahrscheinlich" nicht erblich. Das Gehirn war voll-ständig ausgebildet, so daß mit einer geistigen Behinderung wohl nicht zu rechnen gewesen wäre. Die Ärzte hielten es für ausgeschlossen, daß die Behinderungen auf äußeren Einwirkungen (zum Beispiel Medikamente am Anfang der Schwangerschaft) beruhten. Wenn diese Ergebnisse auch sehr vage waren, so haben sie uns schließlich doch den Mut zu einer weiteren Schwangerschaft gegeben.

Die Durchführung dieses Entschlusses erwies sich als äußerst schwierig, weil sich bei mir nach Karstens Geburt ein regelmäßiger Zyklus einfach nicht wieder einspielen wollte. Mein Arzt verordnete mir schließlich Hormon-tabletten zur Auslösung des Eisprungs, und ich mußte nun häufig zur Unter-suchung in die Praxis. Dank der Tabletten funktionierte dann mein Körper endlich wieder. Trotzdem vergingen noch vier Monate, bis ich wieder schwanger war. Wir freuten uns wahnsinnig und waren nun ziemlich zu-versichtlich, daß dieses Mal alles gut gehen werde.

Die ersten Schwierigkeiten ließen nicht lange auf sich warten. Bereits in der achten Schwangerschaftswoche bekam ich leichte Blutungen, eine Wo-che später plötzlich eine sehr starke Halsentzündung, merkwürdigerweise ohne irgendwelche andere Anzeichen einer Erkältung. Als ich gerade wieder halbwegs gesund war, rief mein Arzt mich an. Er hatte die Ergebnisse der er-sten Blutuntersuchung erhalten und war – zu Recht – sehr besorgt. Ich war nämlich an Toxoplasmose erkrankt, daher auch die starken Halsschmerzen wegen der Schwellung der Lymphdrüsen. Mein Arzt war anfangs selber ziemlich ratlos, deutete aber an, daß die Schwangerschaft eventuell unter-brochen werden müsse. Nach gemeinsamer Beratung mit weiteren Ärzten, an der auch der Humangenetiker, der Laborarzt und mein HNO-Arzt mit-wirkten, beschloß man schließlich, die Schwangerschaft aufrechtzuerhalten. Schädigungen beim Kind kämen nach den wenigen Erfahrungen, die man mit Toxoplasmose bei Schwangeren habe, nur zu einem späteren Zeitpunkt der Schwangerschaft vor.

Obwohl mir anfangs nicht ganz wohl bei dem Gedanken an unseren nun wieder geplanten Jahresurlaub war, segelten wir dann doch wieder los nach Schweden.

Unser erster Urlaubstag: der 9. August – Karstens Geburtstag. Die Ge-danken gingen ein Jahr zurück, und die Stimmung an Bord war natürlich etwas bedrückt, obwohl wir inzwischen gelernt hatten, ganz unbefangen über Karsten zu sprechen. Ob der Kleine jetzt schon laufen könnte? Ob wir den weiten Törn heute auch mit Karsten hätten machen können? Solche und ähnliche Fragen tauchten immer wieder auf.

Als wir bereits unser Urlaubsziel, die westschwedischen Schären, erreicht hatten, bekam ich plötzlich eines Morgens derart starke Blutungen, daß ich fest davon überzeugt war, daß die Schwangerschaft nun vorbei sei. Glücklicherweise war ein Arzt im Hafen, der sofort veranlaßte, daß ich per Rettungshubschrauber ins nächstgrößere Krankenhaus geflogen wurde.

Kaum war ich im Krankenhaus, ließen die Blutungen nach. Man legte mich an einen Tropf, und ich bekam weder feste noch flüssige Nahrung unter dem Hinweis, daß eventuell noch operiert werden müsse. Offenbar waren zu wenig Ärzte im Krankenhaus. Die mir anfangs versprochene Ultraschalluntersuchung ließ zwei Tage auf sich warten!

Am Sonntag hatte Uwe dann keine Geduld mehr. Nach einigem Suchen fand er auf dem Krankenhausflur schließlich einen sehr netten jüngeren Arzt, der mich dann auch gleich untersuchte. Beim Ultraschall stellte sich heraus, daß es unserem Baby bestens ging. Es war für die 13./14. Woche ganz normal entwickelt, und wir konnten auf dem Bildschirm sehen, wie es kräftig strampelte.

Wir waren natürlich überglücklich. Am nächsten Tag wurde ich entlassen, und wir verbrachten anschließend noch zwei sehr schöne Urlaubswochen.

Schon ganz am Anfang der Schwangerschaft hatte ich mich nach erneuter Beratung im humangenetischen Institut zu einer Amniozentese entschlossen. Der Termin war bereits festgelegt, und so fuhr ich gleich nach der Rückkehr aus dem Urlaub zur Universitätsklinik. Es war der 8. September, ich war in der 17. Schwangerschaftswoche.

Man erklärte mir dort, daß vor der eigentlichen Fruchtwasseruntersuchung eine Kontrolle über die vorhandene Menge des Fruchtwassers per Ultraschall gemacht werden müsse. Bei dieser Untersuchung eröffnete mir die Ärztin zunächst, daß Schwierigkeiten aufgetaucht seien. Sie zog dann den Chefarzt oder Oberarzt hinzu. Aber auch er — ich hatte schon so etwas geahnt — konnte keine Herztöne mehr bei unserem Kind feststellen.

Als ich nun gerade eben erfahren hatte, daß mein Kind nicht mehr lebte, wurde ich erst einmal wieder zurück ins Wartezimmer geschickt und mußte auf eine weitere Besprechung beim Gynäkologen warten. Irgendwie habe ich dann auch diese halbe Stunde Wartezeit überstanden, empfand die Behandlung dort aber als derart lieblos, daß ich den Arzt später bat, mich an das Krankenhaus in meiner Heimatstadt zu überweisen, was er dann auch tat.

Noch am selben Abend kam ich ins Krankenhaus und hatte ein sehr langes Gespräch mit dem diensthabenden Arzt, der schon damals bei Karstens Geburt dabei gewesen war. Er überließ mir allein die Entscheidung, ob nun operiert werden oder aber eine richtige Geburt eingeleitet werden sollte. Ich entschied mich für die zweite Alternative, da ich der Meinung war, daß mein Baby — auch wenn es nicht mehr lebte — doch jedenfalls heil zur Welt kommen sollte. Außerdem war auf diese Weise die Möglichkeit einer genaueren Untersuchung des Kindes besser gewährleistet.

Zum Glück wußte ich an diesem Abend noch nicht, auf was ich mich eingelassen hatte. Die nächsten 24 Stunden waren jedenfalls äußerst qualvoll. Ich hatte sehr starke Wehen und kam kaum noch mit der üblichen Atemtechnik klar. Durch den Tropf, den man mir in den Muttermund gelegt hatte, wurden stündlich wehenfördernde Mittel gespritzt. Deswegen war ich auch völlig unbeweglich und durfte nicht aus dem Bett, was mich ganz besonders störte.

Ohne die liebevolle Unterstützung meiner Mutter und meiner Schwester hätte ich diese sowohl physisch als auch psychisch besonders schweren Stunden wohl kaum überstanden. Ich lag allein in einem Dreibettzimmer. Später zur Geburt wollte man mich eigentlich in den Kreißsaal bringen. Dazu kam es dann aber nicht mehr. Der Arzt wollte es mir ersparen, und so kam unser zweites Kind dann im Krankenzimmer zur Welt.

Anschließend wurde dann sofort in Vollnarkose eine Ausschabung vorgenommen, was ich körperlich sehr gut überstand. Ich fühlte mich schon bald wieder ganz gesund. Aber auch nach dieser zweiten Entbindung floß bei mir wieder reichlich Milch. An die Abstillmedikamente hatte man nicht rechtzeitig gedacht.

Innerlich war bei mir so ziemlich alles kaputt. Ich wollte es einfach nicht wahrhaben, nun auch unser zweites Kind verloren zu haben. Die immer wieder auftauchende Frage nach dem „Warum" konnte anfangs niemand beantworten. Die histologische Untersuchung sollte noch eine Woche dauern.

Am zweiten Tag nach der Geburt hielt ich die Ungewißheit nicht mehr aus. Ich wollte meinem toten Baby unbedingt einen Namen geben und brachte schließlich den sehr verständnisvollen Arzt dazu, in der histologischen Abteilung nach dem Geschlecht des Kindes nachzufragen. Er kam bereits kurze Zeit später zurück, um mir zu sagen, daß es wieder ein kleiner Junge war.

Uwe und ich entschieden uns für den Namen Thorsten, wenn wir auch oft damit auf Unverständnis gestoßen sind. Viele Leute denken wohl, was nicht gelebt hat, sei auch für uns nicht mehr existent und brauche daher keinen Namen.

Überhaupt habe ich das mangelnde Verständnis der Mitmenschen für unsere Situation oder auch die Hilflosigkeit Außenstehender gerade nach Thorstens Tod ganz besonders bemerkt.

Vielleicht lag es daran, daß ich mit dem Verlust des zweiten Kindes wesentlich schlechter leben konnte als mit Karstens Tod. Karsten hatten wir gesehen und gestreichelt. Wir haben uns von ihm verabschieden können. Bei Thorsten war alles irgendwie unrealistisch. Ich hatte ihn ja nur auf dem Bildschirm des Ultraschallgerätes gesehen und konnte es deshalb gar nicht glauben, daß er nicht mehr bei uns war.

Irgendwann in den nächsten Wochen habe ich mich der Realität gestellt. Ich fing bereits kurz nach der Entlassung aus dem Krankenhaus wieder an zu arbeiten. Unser Leben unterlag nun wieder dem gewohnten Alltagstrott. Da wir ja schon Erfahrungen hatten und gelernt hatten, wie man mit dem Verlust eines Kindes fertig wird, kamen wir dieses Mal besser klar.

Sowohl Karsten als auch Thorsten sind zu einem festen Bestandteil unseres Lebens geworden. Auch wenn sie nicht mehr bei uns sein dürfen, so sind sie doch unsere Kinder, unsere Familie, zu der wir stehen.

Bei all dem Traurigen, was wir mit unseren Kindern erlebt haben, sehen wir aber auch das Positive, das diese Erlebnisse uns gebracht haben. Wir haben uns beide − jeder für sich und auch gemeinsam − in unserer Partnerschaft geändert. Ich glaube, wir leben bewußter, immer auf der Hut, was als nächstes auf uns zukommen könnte. Andererseits genießen wir aber auch die schönen Seiten des Lebens viel intensiver und nehmen nicht − wie früher so oft − alles Schöne im Leben als Selbstverständlichkeit hin.

Die Untersuchungsergebnisse über unseren kleinen Thorsten waren erfreulich. Er war kerngesund und völlig normal entwickelt. Leider mußte er sterben, weil die Plazenta durch die Toxoplasmose derart infiziert war, daß eine ausreichende Ernährung nicht mehr gewährleistet war. Inzwischen ist über ein Jahr vergangen. Ich bin wieder schwanger. Die Geburt des Babys wird für Mai nächsten Jahres erwartet. Doch soweit in die Zukunft können und wollen wir noch nicht denken.

Wir haben gar nicht den Mut, uns auf unser Kind zu freuen. Die Angst, ein weiteres Mal wieder so enttäuscht zu werden, ist einfach zu groß. Zur Zeit sind wir über jeden Tag dankbar, an dem unser drittes Kind noch bei uns sein darf.

Nach den Erfahrungen in der Uniklinik habe ich mich dieses Mal gegen eine Fruchtwasseruntersuchung entschieden. Stattdessen soll demnächst eine ganz besondere Ultraschalluntersuchung von einem Spezialisten durchgeführt werden, die ähnlich aussagekräftig ist. Welches Ergebnis diese Untersuchung auch bringen wird, wir sind fest entschlossen, unser Kind so lange zu behalten, wie es irgend möglich sein wird.

*Häufig weiß unsere Umwelt nicht, wie sie mit Eltern, die ein so kleines Kind verloren haben, umgehen soll, oder Außenstehende halten die Trauer für übertrieben, weil sie sich nicht vorstellen können, daß die Beziehung zum Baby schon lange vor der Geburt zu wachsen beginnt. Da kann es dann schon zu verletzenden Begegnungen kommen. Freunden und Verwandten, die Gesprächen über das tote Kind immer wieder aus dem Wege gehen oder das Geschehene abschwächen, sollte man zu erkennen geben, daß man auf diese „Trostworte" keinen Wert legt; es ist sinnvoller, in den nächsten Wochen den Umgang auf die Menschen zu reduzieren, die einen verstehen. Sie allein können dabei helfen, wieder Mut für die Zukunft zu fassen.*

*Manchmal läßt eine neue Schwangerschaft auf sich warten, in dieser Zeit kann es erneut zu Selbstzweifeln kommen. Frauen fragen sich, ob sie nicht unfruchtbar geworden sind, ob sie überhaupt in der Lage sind, ein gesundes Kind zu bekommen. Jedes Einsetzen der Regel kann ambivalente Gefühle hervorrufen: einerseits ist man traurig, daß es wieder nicht geklappt hat, andererseits ist man froh, daß man den schweren Weg einer neuen Schwangerschaft noch nicht gehen muß. Nicht selten sind psychische Probleme der Grund für diese „Sterilität". Der Wunsch nach einem Kind kann unbewußt so stark sein, daß es zu einer Verkrampfung kommt. Hier hilft meist nur Geduld und Ablenkung. Auch Hormonbehandlungen werden manchmal durchgeführt, sind jedoch nicht immer erfolgreich.*

# Ich hatte Angst, ein anderes Kind könnte mich anlächeln wie er

Tod nach unheilbarer Krankheit mehrere Wochen nach der Geburt

Als Marcel im Februar geboren wurde, war ich gerade 25 Jahre, mein Mann Günter war zwei Jahre älter. Wir mußten einige Jahre warten, bis sich die erhoffte Schwangerschaft einstellte, und freuten uns sehr auf unser Kind. Während der Schwangerschaft malten wir uns die Zukunft in den sonnigsten Farben aus. Anfangs ging auch alles wunschgemäß. Nach einer unkomplizierten Geburt bekam ich unseren Sohn in den Arm gelegt. Er hatte große braune Augen mit langen Wimpern, schwarze, weiche Haare; er war genau so, wie wir ihn uns vorgestellt hatten. Ich war glücklich und sehr stolz. Nach dem Krankenhausaufenthalt begann zu Hause unser Leben mit Kind. Marcel hielt uns in Atem, er war sehr lebhaft und schlief nur sehr wenig. Die meiste Zeit verbrachte ich mit ihm auf der Couch, schmuste mit ihm und erzählte ihm von uns. Er hörte zu, lächelte und ließ meine Zärtlichkeiten über sich ergehen. Diese ersten sechs Wochen mit Marcel waren eine wunderbare Zeit! Ich war sehr glücklich!

Die ersten Vorsorgeuntersuchungen wurden gemacht, alles war in Ordnung. Eines Tages hatte Marcel plötzlich hohes Fieber. Der Kinderarzt vermutete eine Infektion und verordnete Antibiotika und Fieberzäpfchen. Das Antibiotikum schlug gar nicht an, und die Fieberzäpfchen senkten die Temperatur nur für zwei bis drei Stunden. Ich war besorgt, wußte aber, daß Babys sehr schnell fiebern, und wartete auf Besserung. Marcel wirkte nicht krank, er war zwar etwas blaß, aber trotz dieser „Infektion" war er munter. Nach einigen Tagen wies uns der Kinderarzt in die Kinderklinik ein. In der Ambulanz wurde Marcel untersucht, es wurde Blut abgenommen, Urin gesammelt und ein Lumbalpunktion gemacht. Marcel tat mir so leid, wie er von den Ärzten gestochen und gequält wurde. Ich versuchte ihn, so gut ich konnte, zu trösten. Wir sollten erst mal in der Klinik bleiben, hieß es, das Fieber müsse abgeklärt werden. Auf der Kinderstation wurde eine Campingliege an Marcels Gitterbettchen gestellt — fertig war das Mutter-und-Kind-Zimmer! Wieder wurde Marcel ins Untersuchungszimmer gebracht, man brauchte nochmals Blut. Ich fing an, mich zu beunruhigen. Warum noch eine Blut-Entnahme? Warum diese Rennerei auf dem Flur? Warum sagte uns keiner was? Kurze Zeit später wurde Marcel wieder gebracht. An seinem Köpfchen war eine Braunüle befestigt, er bekam eine Blut-Transfusion. Günter und ich gerieten fast in Panik, noch immer hatte uns niemand ein Untersuchungsergebnis oder erste Diagnosen mitgeteilt. Ich bestand darauf, mit einem Arzt zu sprechen. Dieser Arzt kam dann, sagte aber nur, man wisse noch nichts Genaueres, einige Blutwerte seien nicht in Ordnung. Marcel sei sehr blaß und benötige daher das Blut.

Günter fuhr wenig später nach Hause, am nächsten Tag mußte er früh zum Dienst. Ich wartete weiter auf endgültige Laborergebnisse und war sehr unruhig. Marcel lag in seinem Bettchen und schlief, er sah nicht sonderlich krank aus. Ab und zu sah eine Schwester nach der Transfusion. Bildete ich mir es nur ein, oder sah diese Schwester mich jedesmal mitleidig an? Gegen Mitternacht hielt ich meine Angst und Unruhe nicht mehr aus. Ich wollte jetzt sofort wissen, was los war mit meinem Kind. Der diensthabende Arzt kam und bestätigte meine Befürchtungen. Marcel habe wahrscheinlich Leukämie. Daß er noch lebe, grenze an ein Wunder, er habe kaum noch rote Blutkörperchen. Ich rief meinen Mann an, setzte mich an Marcels Bett und weinte. Marcel sollte todkrank sein, mein armes liebes Kind. Ich sah ihn an und streichelte sein Köpfchen. Ich hatte wahnsinnige Angst. Günter kam und litt die ganze Nacht mit uns, er ging nicht zur Arbeit.

Die nächsten Tage und Wochen waren angefüllt mit unzähligen für Marcel sehr schmerzhaften Untersuchungen. Ich litt jedesmal Qualen, wenn ich ihn im Behandlungszimmer schreien hörte. Nach ein paar Tagen stand es dann fest: es war keine Leukämie! Allerdings, was war es dann? Die Ärzte wußten nicht ein noch aus. In Gruppen standen sie um Marcels Bett, diskutierten und werteten die Ergebnisse der Blutuntersuchungen aus. Mein Tag in der Klinik bestand in der Betreuung von Marcel und im Warten auf die neuesten Laborwerte. Waren seine Blutuntersuchungen gut, war ich voller Hoffnung, aber wenn sie schlecht waren . . . Trotzdem empfand ich es wie Marcels Begnadigung, als sich der Leukämie-Verdacht nicht bestätigte.

Mit den Wochen schwollen Marcels Leber und Milz immer mehr an, es bestand die Gefahr, daß die Milz riß. Die Ärzte rätselten immer noch an der Krankheitsursache herum. Durch eine sehr riskante Operation wurde Marcels Milz entfernt. In der Zeit, die Marcel im OP war, liefen Günter und ich im Ort herum, besuchten Kirchen, stifteten Kerzen und beteten zu Gott, daß er unser Kind beschützen möge. Wir versprachen unsere Seelen für die Gesundheit von Marcel. Nach einer Weile gingen wir auf unsere Kinderstation zurück und wurden in Jubelstimmung von den Schwestern empfangen, die Operation war geglückt und Marcel hatte sie überlebt. Nach einer Nacht auf der Intensiv-Station durfte er wieder auf die Station zurück, und ich konnte wieder bei ihm sein. Jetzt hatte ich wieder Hoffnung. Da er diese Operation überstanden hatte, so war es doch unmöglich, daß er trotzdem sterben könnte. Auch Günter ließ sich etwas von meiner Zuversicht anstecken, aber er blieb vorsichtig.

Marcel erholte sich sehr schnell. Sein Krankheitsbild war im allgemeinen zwar unverändert, aber es war ihm nichts Kränkliches anzusehen, er war rundlich und lebhaft, nur lächeln wollte er nicht mehr. Dieses Lächeln, das mich so bezaubert hatte, es war ihm nicht mehr zu entlocken. Ich begann mich ganz in meinem Optimismus einzuspinnen. Trotz aller Schwierigkeiten, die ich bisher hatte, hatte sich zum Schluß doch immer alles wieder zum Guten gewendet. Warum sollte es diesmal anders sein?

Zehn Tage nach der Operation wurde alle Zuversicht in mir radikal gedämpft. Marcels Arzt teilte uns die endgültige Diagnose mit. Es handelte sich um hämophagozytierende Retikulose, eine sehr seltene Erkrankung, die immer recht schnell zum Tod führt. Noch nie habe ein Baby mit dieser Erkrankung überlebt. Nach dieser Mitteilung war ich völlig geschockt. Ich schrie, daß das alles nicht sein könne, nicht bei Marcel! Ich konnte das einfach nicht so hinnehmen. Nicht mein Kind! Es war doch nicht möglich, daß so etwas Furchtbares uns treffen sollte. Wir sollten nicht erleben, wie Marcel groß wird?

Nach und nach legte sich die Rebellion. So seltsam es klingt, ich wurde wieder zuversichtlich. Marcel würde überleben, ich glaubte ganz fest daran. Allerdings bereitete ich meine Eltern darauf vor, daß Marcel sterben werde. Obwohl ich es selbst nicht glaubte, erzählte ich meiner Mutter, daß Marcel unheilbar krank sei.

. Marcel ging es weiter unverändert, aber er wurde immer unruhiger. Ruhe fand er nur noch, wenn ich ihn spazierentrug. Ich trug ihn stundenlang, zwischendurch abgelöst durch meinen Mann, der sich inzwischen hatte beurlauben lassen, um so lange wie möglich bei uns zu sein. Es tat so weh, Marcel anzusehen und zu wissen, daß in seinem Körper fehlgeleitete Zellen ihr Zerstörungswerk verrichteten. Ich war sehr verzweifelt, wenn wieder und wieder nach wenigen Tagen eine neue Bluttransfusion nötig wurde. Trotz allem, ich hoffte . . . Ohne diese Hoffnung hätte ich dieses Leben nicht ertragen. Ich wehrte mich gegen die Zukunft. Oft wünschte ich mir, er wäre nicht geboren worden und säße warm und sicher in meinem Bauch.

Mehr uns zuliebe, als vom Erfolg ihres Tuns überzeugt, machten die Ärzte noch einen Therapie-Versuch. Marcel bekam Zytostatika, die das Wachstum dieser Retikulumzellen hemmen sollten. Marcel vertrug die ersten Injektionen gut, so daß wir nach neun Wochen Krankenhausaufenthalt nach Hause entlassen wurden und die Behandlung ambulant durchgeführt wurde.

Günter und ich versuchten zu Hause Marcel ein „normales" Leben zu bieten, aber unser krankes Baby forderte uns über alle Maßen. Marcel schlief nur noch, wenn ich ihn trug und dabei hin und her ging. Durch die stundenlangen nächtlichen Wanderungen durch unsere Wohnung hatte ich viel Zeit zum Nachdenken, aber ich brachte es nicht fertig, mich auf Marcels Tod vorzubereiten. Allein der Gedanke, ihn nicht mehr bei mir zu haben, ihn nicht mehr zu berühren und nicht mehr seinen typischen Geruch zu riechen, war so schrecklich, daß ich ihn weit von mir schob. Ich war verzweifelt und müde und dennoch hoffte ich, daß es durch irgendetwas, und sei es durch meine Liebe zu Marcel, gelingen möge, unser Schicksal abzuwenden.

Marcels Tod traf mich völlig unvorbereitet. So gegen Mitternacht hatte ich ihn gefüttert. Ich saß auf der Couch, hielt Marcel im Arm und schmuste mit ihm. Mein Mann hatte sich wieder ins Bett gelegt, in wenigen Stunden mußte er wieder zu Arbeit. Marcel lag ganz ruhig und entspannt in meinem Arm. Er atmete immer flacher und unregelmäßiger. Er war dabei nicht unruhig, ganz gelöst ließ er sich von mir halten und starb. Ich brauchte einen Moment, bis ich erkannte, was geschah, und geriet dann völlig in Panik. Ich schrie nach meinem Mann, schüttelte mein Kind, um es wieder zum Leben zu holen. Notdürftig zogen wir uns an und rasten im Auto zur Kinderklinik. Während der Fahrt wurde mir klar, daß Marcel nicht mehr zu helfen ist. Er lag in meinem Arm, so ruhig, so weich. Er war wohl schon tot. Auf der Intensivstation bemühte man sich sehr, Marcel zu reanimieren. Günter und ich standen hinter einer Glasscheibe und sahen zu. Günter weinte und stöhnte immer nur: „Jetzt ist alles zu Ende."

Ich selbst befand mich in einem ganz seltsamen Zustand. Es war mir, als würde ich mir selbst zusehen. Ich war ganz kalt und starr. Jetzt war Marcel tot, und würden die Ärzte sich noch so anstrengen, es war vorbei. Ich konnte nicht einmal weinen, so starr war ich.

Später durfte ich noch einmal zu Marcel. Die Schwestern hatten ihn gewaschen und frisch angezogen. Sein Anblick hat mich sehr betroffen. Er war nicht entstellt, er sah aus wie ein schlafendes Baby, aber er wirkte so fremd. Sein Gesicht hatte einen abweisenden Ausdruck, so als wolle er sagen: „Laßt mich in Ruhe, ich mag nicht mehr." Ich streichelte und küßte ihn zum letzten Mal.

Um fünf Uhr morgens standen wir auf dem Klinik-Parkplatz und wußten nicht, wohin mit uns. Nach Hause konnten wir nicht fahren, das war uns schon klar. Dort lagen Marcels schmutzige Windeln vom Vortag, die Fläschchen standen in der Küche, in der Waschmaschine lagen seine Strampelhosen und in der ganzen Wohnung roch es nach Baby. Lieber Gott, nein, überall wollten wir hin, nur nicht nach Hause. Erst fuhren wir ziellos durch die Gegend. Günter weinte fassungslos vor sich hin. Ich fühlte mich, als wäre ich mit Marcel gestorben, in mir war alles taub.

Schließlich fuhren wir zu einem befreundeten Ehepaar. Günter war so fertig, daß er sich dort sofort ins Bett legte und mit Hilfe von Valium schlief. Und ich saß da in der Küche und blätterte in einem Versandhaus-Katalog. Ganz mechanisch, Seite für Seite, bis ich an die Seiten mit Babybekleidung kam. Dann konnte ich endlich weinen. Diese endgültige Trennung zerriß mich, alles zog mich zu Marcel. Irgendwann am Vormittag fuhr ich mit meiner Freundin zurück in unsere Wohung. Während sie Marcels Sachen zusammenräumte und ins Kinderzimmer stellte, rief ich meine Eltern an und erzählte ihnen von Marcels Tod. Sie versprachen gleich zu kommen, sie wohnten ca. 200 Kilometer entfernt von uns. Ich war wieder ziemlich gefaßt.

Der eigentliche Schmerz traf mich erst, als ich meine Mutter sah. Sie war gekommen, ihr Kind zu trösten, und mein Kind war tot, ich konnte es nicht mehr wiegen und beruhigen, ich konnte mein Kind nicht mehr in den Arm nehmen und ihm ins Ohr flüstern, daß alles wieder gut werde. Am liebsten wäre ich auch gestorben, dann wäre ich bei Marcel und nicht in dieser Wohnung, in der mich alles an ihn erinnert. In der Zwischenzeit war Günter auch nach Hause gekommen. Er war blaß und verweint, aber er war ruhiger. In den nächsten Tagen beschäftigte ich mich sehr viel mit Gedanken, auch zu sterben. Günter war davon sehr betroffen. Er hatte Angst, daß nach seinem Kind auch seine Frau ihn verläßt. Der Gedanke, daß Marcel nur wenige hundert Meter von mir entfernt ganz alleine in der Leichenhalle am Friedhof liegt, ließ mich verzweifeln. Er war doch noch nie alleine gewesen.

Ich trauerte nicht leise, sondern sehr heftig und laut. Zu meinem Schmerz kam Wut und Haß auf Gott und alle Menschen. Was sollte das für ein Gott sein, der mir das Liebste auf der Welt nahm, obwohl ich alles getan hatte, was in meiner Macht stand? Warum durften die Kinder der anderen Menschen leben, wenn mein Baby sterben mußte?

Marcels Beerdigung war sehr traurig. Dieser kleine Sarg, die Blumen . . . noch heute will ich nicht daran denken. Die Vorstellung, daß mein Marcel jetzt in die Erde eingegraben wurde, tut heute noch weh.

Drei Wochen nach Marcels Tod ging ich wieder arbeiten. Meine Trauer wurde etwas stiller. Günter und ich fingen an, uns zu fragen, wie es weitergehen sollte. Durch die genetische Beratung wußten wir, daß Marcels Erkrankung erblich war und daß das Wiederholungsrisiko bei weiteren Kindern sehr groß ist. Ohne Kinder wollten wir auch nicht sein, wir nahmen Kontakte zum Jugendamt auf, um ein Kind zu adoptieren. Langsam tasteten wir uns wieder an die Zukunft ran, ich glaubte allerdings, daß ich nie mehr so etwas wie Glück empfinden könne. Der Alltag war schlimm. Für die Zeit, die ich außer Haus verbrachte, hatte ich mir eine recht glatte Fassade zugelegt. Allerdings war sie durch eine Frage oder Bemerkung zu Marcel schnell wieder zerbrochen. Trotzdem, mein Beruf tat mir gut, ich wurde gefordert, konnte mich nicht gehenlassen. Aber zu Hause ging ich durch die Wohnung. Dieses Bild hatte Marcel so gerne betrachtet, es war schön bunt. In diesem Sessel hatte ich Marcel gestillt, in diesem Topf seine Fläschchen gewärmt. Fast jeder Gegenstand erinnerte mich an ihn. In der Wäsche fand ich ein vergessenes Strümpfchen. Nachts wachte ich auf und suchte sein Bett am Fußende unseres Bettes. Das Kinderzimmer betrat ich nicht mehr. Dort waren alle seine Sachen zusammengeräumt.

Auch das Zusammenleben mit Günter war schwierig. Abends saßen wir in unserem Wohnzimmer und wagten uns nicht anzuschauen – aus Angst, dann losheulen zu müssen, weil wir beide an Marcel dachten. Über Marcel zu sprechen war fast unmöglich. Günter mußte dann weinen, und um ihn nicht zusätzlich zu quälen, sprach ich möglichst wenig von unserem Kind.

Mit meinen Bekannten redete ich viel über ihn. Ständig hatte ich Bilder von Marcel bei mir, die ich oft zeigte. Wenn er auch gestorben war, wollte ich ihn nicht auch noch totschweigen. Er hatte gelebt, ich hatte ihn sehr lieb und war stolz auf ihn. Wenn ich von mir aus von Marcel sprach, tat es mir gut, aber wehe ich wurde unverhofft auf ihn angesprochen, das zog mir jedes Mal den Boden unter den Füßen weg. Müttern mit Kinderwagen ging ich aus dem Weg, ich vermied es, Babys anzuschauen. Ich hatte Angst, ein Kind könne Marcel ähnlich sehen, könne mich anlächeln wie er.

Obwohl ein Antrag auf Adoption lief, blickte ich nicht gerade zuversichtlich in die Zukunft. Ich trauerte nicht nur um Marcel, ich trauerte auch um mich. Womit hatte ich das verdient? Warum in aller Welt mußte ich das alles mitmachen, hatte ich keinen Anspruch auf das Glück mit Kindern? Wem konnte ich die Schuld an meinem Schicksal geben? Ich schlug mich lange mit diesen Fragen herum.

Irgendwann später begriff ich dann, daß diese Fragen unbeantwortet bleiben, daß ich Marcels Tod hinnehmen, ihn als Tatsache akzeptieren und mit ihm leben muß. Diese Einsicht löste einen Knoten in mir. Wenn ich nicht mit meinem Kind leben kann, muß ich ohne es leben, und mein Leben sollte trotzdem lebenswert sein. Heute ist das der Fall. Marcel ist jetzt über fünf Jahre tot, er wird von Günter und mir nie vergessen werden. Aber wir sind wieder glücklich. Manchmal steigt die Trauer wieder hoch, zum Beispiel jetzt, während ich über Marcel schreibe, oder wenn auf dem Friedhof ein neues Kindergrab ist, aber es ist mir erträglich, es gehört zu mir. Inzwischen haben wir auch einen Adoptivsohn, mit dem wir die Chance bekamen, wieder von vorne zu beginnen.


*Viele Elternpaare, die ein Baby verloren haben, lassen sich genetisch beraten. Die einen erhalten die Gewißheit, daß der Tod ihres Babys nicht die Folge eines genetischen Fehlers oder einer Erberkrankung ist. Sie werden sich mit großer Wahrscheinlichkeit später über ein gesundes Kind freuen können.*

*Für andere fällt die genetische Beratung nicht so günstig aus. Das hat sehr weitreichende Folgen. Das Wissen um eine Erberkrankung stellt die Zukunft eines Paares in Frage. Zur Trauer um das gerade verstorbene Kind kommt die Notwendigkeit, sich zu entscheiden: Trotz des Risikos wieder eine Schwangerschaft? Auf Kinder verzichten? Adoption? Es ist ein Schock, wenn man erfährt, daß man nicht damit rechnen kann, wie andere Paare ein gesundes Kind zu empfangen, auszutragen und zu gebären.*

*Eine Alternative zur Kinderlosigkeit ist die Adoption. Leider ist es nicht gerade einfach, einen Säugling zu adoptieren. Der Gang durch die Instanzen ist mühsam, oft auch entmutigend und schmerzhaft. Trotzdem werden viele Paare mit dem Entschluß zur Adoption glücklich. Erst einmal hat man wieder ein Ziel, und – was noch wichtiger ist – mit der Ankunft des Babys hat man die Chance, wieder neu zu beginnen.*

*Ingrid*

# Ein Schmerz, der einen innerlich zerreißt

„Plötzlicher Kindstod"

Es ist jetzt genau fünf Jahre her, daß wir unsere kleine Tochter im Alter von zehn Monaten verloren haben. Sie starb den „plötzlichen Kindstod" (Krippentod). Es ist mir heute möglich, mit einem gewissen Abstand darüber zu berichten, die große Trauer ist vorüber. Ein gewisser Schmerz ist immer noch in mir, und der wird auch bis an mein Lebensende bleiben. Damit muß ich leben, und ich habe erkannt, daß es durchaus möglich ist, nach so einem schweren Schicksalsschlag dennoch ein glückliches, fröhliches Leben zu führen.

Ich werde versuchen, mich an jenen Abend vor fünf Jahren zu erinnern. Ich war damals 20 Jahre, mein Mann 25 Jahre. Wir hatten wegen dem Kind geheiratet, und entgegen allen schlechten Voraussichten schien sich alles zum Besten zu wenden.

Wir hatten unsere Kleine gegen sieben Uhr ins Bett gebracht, vorher hatten wir noch getobt und gelacht. Sie war so ein süßes, immer fröhliches und kerngesundes Kind. Gegen neun Uhr ging ich ins Schlafzimmer und fand sie – tot! Ich wollte schreien, doch es ging nicht. Ich habe nur einen seltsamen Laut von mir geben können. Mein Mann kam gelaufen, und wir telefonierten als erstes mit meinen Schwiegereltern, die nebenan wohnten. Sie haben dann Arzt und Krankenwagen angerufen. Ich war dazu nicht in der Lage. In der Zwischenzeit haben wir unser totes Kind abwechselnd auf den Armen getragen und gehofft, sie würde die Augen wieder öffnen. Ich glaube, ich habe sie sogar angeschrien, sie soll doch wieder aufwachen. Der Krankenwagen nahm unsere Kleine mit, und wir hatten noch etwas Hoffnung. Aber es war schon längst kein Leben mehr in ihr. Ich stand so unter Schock, ich konnte nicht einmal mehr weinen, es ging einfach nicht. Das war ganz besonders schlimm. Erst am nächsten Morgen wurde mir bewußt, was überhaupt geschehen war. Dennoch habe ich mich sehr lange an den Gedanken geklammert, daß alles gar nicht wahr ist – nur ein Traum.

Sehr oft habe ich nachts von meiner Tochter geträumt, so natürlich, ich bin dann morgens voll Freude aufgewacht, dachte, der böse Traum wäre zu Ende. Dann habe ich die leere Ecke im Schlafzimmer gesehen und nur noch geweint. Ich weiß wirklich nicht mehr, wieviele bittere Tränen ich vergossen habe.

Am Morgen nach Esters Tod, wir waren gerade aufgestanden, hatten ihr Bett weggeräumt, klopfte es, und ein Mann von der Kriminalpolizei stand vor uns. Er war sehr freundlich, sehr mitfühlend. Wir sahen ihm an, daß es ihm selbst leid tat, aber er mußte ja seine Ermittlungen führen. Wir haben das der Polizei nicht übel genommen; es ist schon richtig, daß jeder unnatürliche Tod eines Kindes untersucht wird. Viele Bekannte schimpften darüber, „Frechheit, werden die armen Eltern auch noch verdächtigt!" Aber es war schon ganz richtig. Wieviele Kinder werden denn heute mißhandelt?! Die Polizei weiß doch nicht, mit wem sie es zu tun hat.

Worüber wir allerdings sehr erbost waren, war ein Brief der Staatsanwaltschaft (es stand groß als Absender auf dem Kuvert), der ein halbes Jahr(!) später kam. Man teilte uns das Obduktionsergebnis mit und sprach uns von jeder Schuld frei. Der Brief war in einem kühlen Paragraphendeutsch geschrieben, daß ich mich furchtbar aufregte. Zu dem Zeitpunkt war ich im sechsten Monat schwanger.

Die Wochen nach dem Tod zu beschreiben ist sehr schwierig. Den Schmerz der Trauer um ein geliebtes Kind kann man nicht in Worte fassen. Es ist ein Schmerz, der einen innerlich zerreißt, richtig körperlich weh tut. Ja, er läßt ein junges Mädchen aussehen wie eine alte Frau. Ich habe immer nur gehofft, daß die Wochen schnell vergehen und der Schmerz nachläßt. Es hat sehr, sehr lange gedauert — Monate, Jahre.

Mein Mann hat seine Gefühle nie geäußert. Er spricht nie von unserer Tochter, hat alles in sich hineingefressen. Es wäre besser, er hätte seinen Kummer herausgeschrien. In der Beziehung sind wir sehr verschieden. In seiner Gegenwart sprechen wir nicht über das Thema. Nur sehr selten äußert er den innigsten Wunsch, nochmal eine Tochter zu haben. Er geht auch so gut wie nie zum Friedhof. Es fällt ihm sehr schwer. Er hat wohl versucht, alles in eine hintere Schublade zu legen, und alles vermieden, diese wieder auszupakken. Wir sprechen auch mit unseren Eltern und Geschwistern nie über unsere Tochter. Sie haben ja alle mitgelitten. Es fällt mir leichter, ja es tut sogar sehr gut, mit Außenstehenden zu reden.

Noch heute überkommt mich ein beklemmendes Gefühl, wenn ich Mädchen sehe, die so alt sind, wie unsere Tochter jetzt wäre. Es ist auch mein allergrößter Wunsch, wieder ein kleines Mädchen im Haus zu haben.

Sofort nach dem Tod unserer Tochter wurde ich wieder schwanger. Die

60

ganzen neun Monate der Schwangerschaft waren überschattet von Trauer. Freude kam kaum auf. Vielleicht ist unser ältester Sohn auch deswegen so sensibel und ernst.

Ich hatte meiner Tochter gegenüber ein sehr schlechtes Gewissen, kam mir so gemein vor, so schnell wieder „Ersatz" zu schaffen. Heute sehe ich das anders, denn jeder Tag in unserem Haus ohne Kind war schwer.

Der Tag, an dem unsere Kleine ein Jahr alt geworden wäre, war der schlimmste in meinem Leben, ja schlimmer noch als die Beerdigung. Da stand ich noch unter Schock, nun aber wurde mir bewußt, daß sie nie wieder kommen würde. Morgens im Dunkeln bei Regen und Kälte habe ich ihr eine Kerze aufs Grab gestellt. Es hat mir fast das Herz gebrochen. Da stand ich nun weinend an ihrem Grab, und hätte doch so gerne ihren ersten Geburtstag gefeiert. Und das alles zwei Wochen vor Weihnachten! Es war ein sehr trauriges Fest.

Heute bin ich dankbar für jeden Geburtstag, den ich mit meinen Kindern feiern kann; wir haben zwei Jungen, viereinhalb und zwei Jahre alt, die nach unserer Ester geboren wurden und die mich natürlich von dem großen Verlust ablenken.

Das erste Lebensjahr unseres Ältesten war voller Ängste. In den ersten Wochen habe ich mich kaum von seinem Bettchen getraut. Später waren wir durch das viele „Gucken", ob alles in Ordnung ist, so genervt, daß wir ihn mit in unser Bett nahmen oder bei uns auf dem Sofa schlafen ließen. Was natürlich auch Nachteile hat — er schläft heute noch bei uns!

Ich kann sagen, daß mich mein Schicksal sehr geprägt hat. Ich habe erkannt, wie die Menschen um mich herum wirklich sind. In der guten Zeit sind alle da, aber die Trauer wollen nur wenige mit einem teilen. Dabei tut es so gut, nicht alleine gelassen zu werden, wenn auch die meisten Menschen nur Angst haben, sich verkehrt zu verhalten. Ich habe von Leuten Trost erfahren, von denen ich es nie erwartet hätte. Andere, halbwegs gute Freunde, ließen nichts von sich hören.

Klatschfrauen freuten sich sensationsbegierig, daß sie wieder neuen Gesprächsstoff hatten, was für uns besonders bitter war, denn bei der Wahrheit blieb keine. Wir haben soweit wie möglich versucht, alles richtigzustellen, haben immer wieder von uns aus angefangen zu erzählen. Kaum einer hat damals gefragt, heute werde ich öfter gebeten zu erzählen, wie es denn nun wirklich war. Auf dem Dorf muß man sich damit abfinden, daß über jedes Ereignis viel gesprochen wird. Daß es dabei nicht immer bei einer Version bleibt, ist ganz logisch. Dann wird natürlich gerätselt und vermutet, und schon sind die schlimmsten Gerüchte entstanden. Die Wenigsten meinen das aber böse, und nach einigen Wochen ist doch alles vergessen.

Ich danke Gott für jeden Tag, an dem ich meine Kinder gesund um mich habe. Ich sehe den Tod unserer Tochter nicht als sinnlos an oder frage „Warum gerade wir?" ER wird schon seine Gründe gehabt haben, weshalb er unsre Tochter so früh zu sich genommen hat. Das Leben ist so hart, und es lauern überall Krankheiten, Katastrophen, Unfälle, Umweltbedrohungen. Das alles ist unserer Tochter erspart geblieben. Sie durfte zehn fröhliche, sorgenfreie Monate leben.

Ich kann nur immer wieder betonen, daß ich heute ein fröhliches, glückliches Leben führe, was ich vor fünf Jahren niemals für möglich gehalten habe. Manchmal bin ich ein bißchen stolz auf mich, daß ich an meinem Schicksal nicht verzweifelt bin, sondern es angepackt habe.

*Eltern, deren Kind am „Plötzlichen Säuglingstod", „Krippentod" oder SIDS (Sudden Infant Death Syndrom) gestorben ist, haben es zu allem andern hin auch mit ihrer Umwelt nicht immer leicht. Der Vorwurf, sie hätten dem Kind absichtlich Schaden zugefügt, steht oft — ausgesprochen oder nicht — im Raum. Es kostet viel Kraft, den neugierigen Fragen zu begegnen. Ist es da nicht einfacher, allen Fragern aus dem Weg zu gehen oder gar nichts zu sagen? Mit den Selbstvorwürfen hat man schon genug zu tun. Die Vorwürfe anderer zehren dann noch am letzten bißchen Selbstvertrauen.*

*Die zurückbleibenden oder späteren Geschwister bekommen die Angst deutlich zu spüren, alles könnte sich noch einmal wiederholen. Ärzte empfehlen deshalb häufig den Gebrauch eines Heimmonitors, der am Körper des Babys befestigt oder in Form einer Matratze ins Bett gelegt wird. Das ist jedoch auch nicht ganz unproblematisch: Häufige Fehlalarme, besonders nachts, beanspruchen die Eltern psychisch manchmal sehr. Andererseits überträgt sich ständige Angst auf das Kind und kann so zu großen Problemen in der Eltern-Kind-Beziehung führen. Ärzte und spezielle SIDS-Selbsthilfegruppen können hierbei sicher Hilfestellung geben. Besonders wichtig ist es, dort Reanimationstechniken zu lernen, die im Ernstfall das Schlimmste verhüten können.*

*Verena Kast*

# Wenn Geburt und Tod zusammenfallen

Trauer aus der Sicht der Psychotherapeutin

Als ich diese Erfahrungsberichte betroffener Mütter und Väter las, dabei immer wieder von neuem konfrontiert wurde mit der großen Erwartung auf ein Kind, der damit verbundenen Hoffnung und dann mit diesem abgrundtiefen Schmerz bei dem Verlust, verspürte ich immer wieder den Impuls, die Texte wegzulegen. Vielleicht auch zu protestieren: Dieses geballte Leid, das war mir zuviel. Entspricht es dem wirklichen Leben, in dem ja auch Kinder geboren werden, die am Leben bleiben? Aber diese Berichte entstammen ja gerade dem gelebten Leben, allerdings haben sie durch die Auswahl nur diesen Aspekt des Verlusts im Auge, zudem nur den Verlust eines Kindes um die Zeit der Geburt herum.

Solche Erlebnisberichte sind sehr wichtig und kostbar. Ich weiß das als Psychotherapeutin, ich arbeite oft mit Menschen, die einen großen Verlust erlitten haben. Solche Berichte geben diesen Menschen, die in einer vergleichbaren Lebenssituation sind, die Möglichkeit, ihr eigenes Erleben, ihre eigene Erfahrung, mit der Erfahrung anderer Menschen in Beziehung zu setzen und sich zu vergewissern, daß Gefühle und Probleme, die dabei auftauchen, auch von andern Menschen schon erlebt worden sind. Und dann sind da immer auch schon Wege aufgezeigt, wie Menschen mit diesen Problemen umgegangen sind, wie sie trotz des Verlusts gewagt haben weiterzuleben, sogar die Hoffnung auf ein neues Kind wieder zuzulassen.

Trotz dieses Wissens hätte ich am liebsten die Berichte zur Seite geschoben. Was wollte ich nicht wahrhaben? Unversehens befand ich mich in der Gesellschaft von Freunden und Bekannten, wie sie in den Berichten immer wieder beschrieben werden, die sich nicht wirklich betreffen lassen wollen von diesem Verlust, die verlangen, daß die Betroffenen darüber hinwegkommen, daß man vergißt. Auch diese wollen den Verlust nicht wahrhaben, wollen nicht wahrhaben, daß der Verlust von einem neugeborenen Menschen ein außerordentlich schmerzhafter Verlust ist.

## Was wollen wir nicht wahrhaben?

Die Gewißheit, daß Geburt und Tod so nahe beisammen sein können; daß Kinder sterben, die doch für uns die Zukunft verkörpern und uns überleben müßten; daß Kinder sterben, bevor sie in diesem unserm Leben Raum bekommen haben. Der Widerstand gilt dem Tod, der hier so sehr vor der Zeit ins Leben eingreift – und dieser Widerstand wird leicht übertragen auf die Trauernden oder eben auf Berichte von Trauerprozessen.

„Geburt" – das ist der Moment im Leben, wo eine Familie entsteht, wo sich Familien wandeln können, wo Neues wird. Das ist eine Ausgangssituation, von der aus sich ein Leben entfalten kann, eine Situation, die uns mit viel Hoffnung auf Zukunft, mit viel Phantasien für eine neue Zukunft erfüllt. Geburt, das ist aber nicht nur eine Situation der Hochstimmung, sondern auch eine Situation des ungewissen, oft einschneidenden Übergangs. Zu der Hoffnung tritt bei einer Geburt immer auch die bängliche Frage, was denn das Leben für dieses Kind bereithält, was wir alles mit diesem Kind erleben werden, auch wie es die Paarbeziehung verändert.

Jede Geburt ist in sich eine Erneuerung des Lebens, zudem Symbol dafür, daß Leben immer wieder neu werden kann, daß Neuansätze immer wieder möglich sind. Gerade dieses Lebensgefühl wird beim Tod eines Kindes während, kurz vor oder kurz nach der Geburt empfindlich verletzt.

Diese Erlebnisse konfrontieren uns mit Tod in einer extremen Weise: die betroffenen Eltern in einem ganz besonderen Maße, aber auch die Menschen, die Anteil nehmen wollen an der Geburt, die sich mitfreuen möchten.

In jedem der vorliegenden Berichte wird die Freude auf das neue Kind, die Erwartung, die Hoffnung zum Ausdruck gebracht samt den Phantasien, die sich mit dem neuen Leben verbinden. Und dann wird man als Leser/als Leserin konfrontiert mit der zerschlagenen Hoffnung, oft ausgedrückt in dem einfachen Satz: „Ich werde das Kind nie nach Hause nehmen können." In diesem „Nie" liegt die ganze Endgültigkeit des Todes. Man geht „leer" nach Hause, die Kindersachen werden nicht gebraucht.

Das alles wollen wir nicht wahrhaben. Damit wollen wir die Trauer abwehren, die Trauer darüber, daß es möglich ist, daß der Übergang der Geburt ein Tod sein kann, und weiter gefaßt die Trauer darüber, daß Leben überhaupt nicht ohne Tod ist, daß Hoffnung so leicht der Angst und Resignation weichen kann. Solange Eltern ihre Trauer zeigen, erinnern sie ihre Mitmenschen immer noch daran, wie unsicher eigentlich Leben ist, und das löst Ängste aus. Deshalb sollen Eltern, die ein Kind verloren haben, in den Augen der Mitmenschen bald wieder zur Tagesordnung zurückkehren, sollen sie bald fertig werden mit dem Verlust, oder sollen sie gefälligst den Verlust gar nicht so sehr „aufbauschen". Ratschläge, die aus der Hilflosigkeit entstammen, wie etwa, man solle halt schnell ein nächstes Kind haben, oder die Trauer könne doch gar nicht so groß sein, da das Kind ja noch gar nicht mitgelebt habe, sollen auch helfen, die eigene Trauer abzuwehren, die eigene Betroffenheit. Zugegeben, es ist schwer, etwas zu sagen in dieser Situation – und gar noch etwas Hilfreiches. Angesichts des Unfaßlichen sind wir sprachlos. Aber vielleicht wäre das sprachlose, gefühlvolle Mitgehen hilfreicher als diese gutgemeinten Ratschläge, die den Verlust nicht wahrhaben oder ihn zumindest bagatellisieren wollen – vielleicht könnte das sprachlose Mitgehen auch besser akzeptiert werden von den betroffenen Eltern.

## Das Besondere der Trauer um kleine Kinder

Wir trauern dann, wenn wir etwas verloren haben, das für uns einen großen Wert darstellte. Über Wert oder Unwert kann nie von außen befunden werden, das ist unsere eigene Angelegenheit. Es ist auch unsinnig zu denken, daß die Beziehung zu einem Kind erst nach seiner Geburt einsetzt. Die Beziehung zum Kind ist eine, die mit dem Kind im Mutterbauch wächst, und die nicht nur Mutter und Kind einschließt, sondern den Vater natürlich mit. Das Kind hat in sich als neuer Mensch eine Bedeutung, es hat aber auch eine Bedeutung für die Partnerschaft; ist es doch Symbol des gemeinsamen Lebens, das sich nun in einem Kind ausdrückt, das von beiden stammt und der Obhut von beiden anvertraut ist. Die Beziehung zum ungeborenen Kind ist eine sehr besondere, weil sie auch eine geheimnisvolle ist. Da wird zwar bald erlebbar, daß das Kind im Mutterbauch auch auf Gefühlszustände der Mutter reagiert, daß da bereits eine Interaktion zwischen Mutter und Kind stattfindet. Dazu kommen aber die Phantasien über das Kind, das zur Welt kommen wird: Diese Phantasien sind noch durch keine konkreten Erlebnisse mit dem Kind zu korrigieren, noch kann fast alles phantasiert werden. So ergibt sich eine sehr intensive Beziehung, die auch mit dem Leben des Paares und der werdenden Familie in einem engen Zusammenhang steht. Der Verlust eines so erwarteten Kindes ist ein sehr schwerwiegender Verlust, der intensiv betrauert werden muß, soll Vertrauen ins Leben wieder möglich werden. Kinder, mit denen wir schon so verbunden sind, durch ihre Lebensäußerungen und durch unsere Phantasie, sind nicht namenlose Kinder. Die Erfahrungen, die mit ihnen gemacht worden sind, sind wesentliche Erfahrungen im Leben eines Paares und einer Familie.

Es kommt immer wieder vor, daß Menschen nicht wissen, ob sie verstorbene Geschwister, gerade auch Geschwister, die kurz vor, während oder nach der Geburt gestorben sind, als Geschwister bezeichnen sollen. Oft wird auch ein eigentümlicher Schleier des Halbwissens oder des Verbergens über die Existenz dieser Kinder gelegt, die doch gerade einen sehr großen Einfluß auf die Eltern und auf allenfalls schon vorhandene Kinder ausgeübt haben. Sie tun es auch immer weiter, denn der Verlust eines Kindes gehört zum Leben dieses Paares und dieser Familie. Oft werden solche Verluste verschwiegen, um die Kinder nicht zu beunruhigen, um ihnen nicht die Gewißheit zu vermitteln, daß der Tod immer im Leben anwesend sein kann. Aber solche Erlebnisse lassen sich nicht verschweigen. So scheint es mir denn sinnvoll, daß diese verstorbenen Kinder ihren Namen haben und auch ihre Geschichte, soweit diese erzählbar ist.

### Der Trauerprozeß

Das Trauern ist der emotionale Ausdruck für einen Verlust; im Trauern nehmen wir auch Abschied von einem Menschen, den wir verloren haben, willigen in einem langen, schmerzhaften Prozeß in den Verlust ein, auch in dessen Endgültigkeit. Der Trauerprozeß ist ein lange währender Prozeß, der sehr schmerzhaft ist und dennoch – oder gerade deshalb – von einer eigentümlichen Lebendigkeit. Auch wenn es typische Phasen gibt in diesem Prozeß, die sich überlappen, die immer wieder auftreten können, so trauern doch alle Menschen mit den sie auszeichnenden Schwierigkeiten. (Ausführlich habe ich das dargestellt in meinem Buch: „Trauern. Phasen und Chancen des psychischen Prozesses", Kreuz Verlag, Stuttgart). In der Trauer kommt auch das ihnen je eigene Verarbeiten von Trennungen zum Ausdruck. Es ist deshalb wenig sinnvoll zu fordern, wie Trauer zu sein hat oder wie lange diese Trauerprozesse dauern sollen, wie lange es gehen darf, bis Menschen nicht mehr ganz von den Gedanken an das verlorene Kind beherrscht sind, in den Verlust einwilligen können und sich wieder dem Leben zuwenden.

Wie bei allen Trauerprozessen beginnt auch der Trauerprozeß um den Verlust eines neugeborenen Kindes mit der

## Phase des Nicht-wahrhaben-Wollens

Diese Phase beginnt allenfalls schon vor dem Tod: Man klammert sich an die guten Zeichen und übersieht, was zu Bedenken Anlaß geben könnte. Auch die Nachricht vom eingetretenen Tod wird zunächst nicht aufgenommen. „Das kann doch nicht wahr sein – das muß ein Irrtum sein." – Das sind Gedanken, mit denen das schreckliche Erlebnis abgewehrt werden soll.

Der Anblick des verstorbenen Kindes löst dann oft Emotionsstürme aus, weckt den Schmerz, die Empörung, gibt aber auch den Eltern das Gefühl für die Realität in einem doppelten Sinne: Mütter sehen, daß sie ein reales Kind geboren haben, „an dem alles dran ist", das auch sehr oft als wunderschönes Kind gesehen wird; und sie erleben auch, daß das Kind wirklich tot ist. So nehmen Eltern Kontakt auf mit ihrem Kind und nehmen auch gleichzeitig Abschied.

Dieses Aufnehmen des Kontaktes mit dem verstorbenen Kind ist sehr wichtig für die nachfolgende Trauerarbeit sowie auch für eine allfällige neue Schwangerschaft. Wir Menschen haben die Möglichkeit, mit Phantasie aufzufüllen, was wir nicht konkret erfahren haben. Hat eine Mutter ihr totes Kind nicht gesehen, dann kann sie in ihrer Trauerarbeit in der Phase des Nicht-wahrhaben-Wollens stehenbleiben, etwa phantasieren, ihr Kind sei bloß entführt oder gestohlen worden, oder im Falle von Frühgeburten, sie habe ein Monstrum geboren. Die natürliche Angst während einer neuen Schwangerschaft, das schreckliche Erlebnis des Verlusts könnte sich wiederholen, zeigt sich dann in der Angst, ein Monstrum im Bauch zu haben, etwas Unmenschliches in sich zu tragen. Der Anblick des toten Kindes löst meistens sehr heftige Gefühle aus, sehr zärtliche Gefühle und Gefühle des Schmerzes. Hier wird ein erstes Mal Abschied genommen. Diese heftigen Gefühle sind Ausdruck einer zweiten Phase des Trauerprozesses, der

## Phase des Aufbruchs der chaotischen Emotionen

Der Schmerz kann sich jetzt in lautem oder leisem Weinen äußern, in Anklagen, in Wut auf das Schicksal. Angst kann erlebt werden, Schuldgefühle beginnen zu quälen, allenfalls sucht man Schuldige, die etwas versäumt haben. Sehnsucht nach dem verlorenen Kind ist zudem erlebbar, auch Liebe und Gefühle der Zärtlichkeit. Diese Emotionen werden durcheinander erlebt und sind von einer eigentümlichen Heftigkeit. Trauernde kennen sich daher selbst nicht mehr, sind sie es doch nicht gewohnt, so intensiven, sich widersprechenden emotionalen Prozessen ausgesetzt zu sein. Auch die Außenwelt reagiert entsprechend. Wird das Weinen von der Außenwelt und den Trauernden selbst noch verhältnismäßig gut akzeptiert, zumindest über eine gewisse Zeit, so sind andere Äußerungen der Trauer weniger erwünscht: etwa das Äußern von Zorn der Schöpfung gegenüber, die Kinder sterben läßt, oder die Wut auf einen Gott, der Kinder sterben läßt, oder wenn man die Wut auf einen Partner projiziert, der das Unglück nicht verhindern konnte. Es fällt uns schwer, das Durcheinander von einander auch widersprechenden Emotionen zu ertragen. Je mehr Selbstbeherrschung für uns einen Wert darstellt, um so eher werden wir versuchen, diese Emotionen unter Kontrolle zu bringen. Dadurch werden wir dann kalt und unnahbar.

Es ist nachweisbar, daß heftige Trauerreaktionen besonders auch zu Beginn eines Trauerprozesses diesen erleichtern und daß Menschen dann auch wesentlich weniger in eine Depression versinken, die übrigens nicht notwendigerweise zu einem Trauerprozeß gehört. Man sollte aber von niemand solche heftigen Trauerreaktionen verlangen, auch nicht von sich selbst, sondern es gilt auch hier, daß jeder Mensch seinem Wesen gemäß die Emotionen zum Ausdruck bringt: verhaltener die einen, lauter die anderen.

Diese Phase der chaotischen Emotionen dauert über längere Zeit an. Das heißt aber nicht, daß zwischendurch nicht auch ruhige Stunden und Tage erlebbar sind; wenn immer aber ein Ereignis an den Verlust erinnert – und das tut zu Beginn fast jedes Ereignis – , dann brechen diese Gefühle wieder auf. Besonders oft werden in diesem Zusammenhang Schuldgefühle erlebt, wie es aus den Erlebnisberichten der betroffenen Frauen ersichtlich wird.


## Schuldgefühle

Wenn wir den Tod nicht akzeptieren können als zum Leben gehörig, das heißt aber auch als etwas, das jederzeit in unser Leben einbrechen kann, ob zur Zeit oder zur Unzeit, dann müssen wir eine Erklärung beibringen für sein Eintreffen. Da der Tod eines Kindes für uns letztlich unbegreifbar bleibt, uns als ganz und gar unsinnig erscheint, haben wir erst recht das Bedürfnis, eine Erklärung zu finden. Ähnlich wie bei einer schweren Krankheit wird auch im Zusammenhang mit dem Kindstod die Frage gestellt: Warum gerade wir, warum gerade ich? Was habe ich falsch gemacht, was haben wir falsch gemacht? Bin ich schuld daran? Sind wir schuld daran?

Allenfalls versucht man, diese Schuldgefühle zu vermeiden, indem man Schuldige sucht, Menschen, die etwas versäumt oder die nicht optimal gearbeitet haben. Diese Schuldigen findet man natürlich; wo Menschen sind, werden immer auch Fehler gemacht, da gibt es immer Situationen, in denen man nicht optimal reagiert hat. Aber auch wenn die Schuldigen gefunden worden sind, wird das Kind dadurch nicht wieder lebendig, und letztlich nagt dann doch die Frage an der Mutter: Was habe ich falsch gemacht? Da werden Ernährungsgewohnheiten, Lebensgewohnheiten, allenfalls eingenommene Medikamente verantwortlich gemacht dafür, daß das Kind nicht leben konnte.

Diese Überlegungen haben alle eine Grundlage: Als Menschen werden wir immer Fehler machen, etwas versäumen. Aber genügen diese Versäumnisse, um den Tod eines Kindes zu erklären? Ist es nicht vielmehr so, daß wir für diesen Tod eine Erklärung haben müssen, so unerklärlich, so unglaublich ist er für uns? Und letztlich sieht sich dann die Mutter selbst schuldig, die das Kind ausgetragen hat, zerfleischt sich, macht sich Vorwürfe. Natürlich „weiß" sie, daß andere Frauen, die gesunde Kinder zur Welt gebracht haben, auch etwa einmal Medikamente genommen haben usw. Aber dieses Wissen nützt nichts.

## Worum geht es bei diesen Schuldgefühlen?

Wenn „etwas" schuld ist am Tod, wenn eine kausale Verknüpfung hergestellt werden kann zwischen Versagen und Tod, dann ist das zwar sehr unangenehm zu ertragen, gibt uns aber dennoch die Möglichkeit, ein nächstes Mal alles besser zu machen. Mütter, die ein Kind verloren haben, wollen dann auch oft während der nächsten Schwangerschaft „alles richtig machen" oder zumindest so, wie sie es für richtig halten, denn objektive Kriterien des richtigen Verhaltens gibt es auch da nicht.

In diesen Schuldgefühlen scheint sich aber auch eine tiefe Identitätskrise der Frau als Mutter auszudrücken. Die Frage, die oft nicht gestellt wird, ist: Bin ich eine richtige Mutter, habe ich versagt als Mutter, kann ich eine Mutter sein, oder kann ich es nicht? Vielleicht steht hinter diesen Schuldgefühlen noch tiefer das unbewußte Wissen, daß jede Mutter ihr Kind in ein Leben hineingebärt, das Tod, Haß, Verlust, Schmerzen, Leid kennt, und daß sie es nicht vermeiden kann, weil dies zu vermeiden nicht in ihrer Macht steht, weil es zum menschlichen Leben an sich gehört. Aber sie möchte es vermeiden, möchte nur den positiven Aspekt des Lebens vermitteln und erlebt selbst gerade durch das Todeserlebnis bei der Geburt, daß das nicht in ihrer Macht steht.

Hier werden wir radikal mit der Endlichkeit unserer Existenz, aber auch mit der Endlichkeit unserer Bemühungen konfrontiert. Schuldgefühle gehören zu jedem Trauerprozeß, wir werden immer schuldig an der Beziehung zu einem anderen Menschen. Es ist deshalb auch sinnvoll, diese Schuldgefühle wahrzunehmen und sie aufzunehmen. Sie sind dazu da, unser Verhalten allenfalls zu verändern. Schuldgefühle sollen auch nicht ausgeredet werden. Für Gefühle müssen wir keine Beweise beibringen, unsere Gefühle gelten. Partner, die weniger Schuldgefühle haben, sollten diese Gefühle,so unangenehm sie auch sein können, dennoch nicht wegerklären, sondern sie aufnehmen, auch aufnehmen, wie quälend diese Gedanken und Gefühle sein müssen. Werden aber immer wieder dieselben Schuldgefühle über längere Zeit geäußert, so stellt sich die Frage, ob man diese Schuld auch wirklich akzeptiert, ob man akzeptieren kann, daß man allenfalls in gewissen Bereichen schuldig geworden ist. Wenn dies nicht möglich ist, dann blockieren die Schuldgefühle den Trauerprozeß. Auch muß im Zusammenhang mit diesen Schuldgefühlen immer wieder die Frage gestellt werden – und sie wird von diesen Frauen und Männern auch immer wieder gestellt – ob dieses Verschulden denn genügt, daß ein Mensch stirbt. Wird dieses „Warum ich, warum wir?" nur dadurch erklärt, daß wir Fehler gemacht haben, oder gelingt es uns, Leben und Tod auch in einem größeren Zusammenhang zu sehen, so daß der Tod eines Kindes nicht allein in unserer Verantwortung liegt? So besehen wird diese Frage nach dem „Warum?" umgewandelt in eine Frage danach, wie wir mit dem Verlust umgehen, nach der Lebensaufgabe, die sich uns stellt, nach dem ganz persönlichen Schicksal, das durch diesen Verlust sich auszeichnet.

Sowohl im Auftreten als auch beim Umgehen mit den Schuldgefühlen sind große Unterschiede zwischen Menschen sichtbar; in dieser Extremsituation zeigt sich, wie wir schon immer mit Schuldgefühlen umgegangen sind, ob wir Menschen sind, die sich leicht Selbstvorwürfe machen, leicht auch Schuldzuschreibungen akzeptieren, ob wir uns für vieles verantwortlich fühlen, oder ob wir eher sehen, daß das Leben sich in Wechselwirkungen abspielt. Auch wird dabei ersichtlich, ob wir Schuld auch wirklich akzeptieren können, oder ob wir von uns fordern, unschuldige Menschen zu bleiben. Die auftretenden Schuldgefühle müssen sich auch nicht allein auf das Verhalten während der Schwangerschaft und die Beziehung zum Kind beschränken; oft sind damit auch Schuldgefühle verwoben, die sich auf das Verhalten in der Partnerschaft beziehen. Diese Schuldgefühle sind eher unbewußt und verunsichern daher zusätzlich.

Die chaotischen Emotionen drücken immer wieder das Erlebnis des Verlusts aus, die damit verbundene Identitätskrise, das Sich-zerissen-Fühlen, das sich auch darin zeigt, daß wir einerseits weiterleben, andererseits auch durchaus sterben möchten. Der Tod des Kindes wird hier schmerzhaft erlebt, aber ist noch nicht akzeptiert. Noch besteht die Frage nach dem „Warum?", die Auflehnung gegen das Schicksal.

In einer nächsten, äußerlich gesehen eher ruhigeren Trauerphase, kann in den Verlust eingewilligt werden. Ich nenne diese Phase die

## Phase des Suchens — Findens — und Sich-Trennens

Bei Menschen, deren Leben länger mit unserem eigenen Leben verbunden war, geht es in dieser Phase darum herauszufinden, was sie in unser Leben hereingetragen haben, welche Seiten sie in uns belebt haben, die nun in unserem Leben weiterexistieren, auch wenn wir den Menschen, der sie herausgeliebt hat, verloren haben. Nach und nach wird uns bewußt, welche Hoffnungen wir mit diesem Menschen verbunden haben, Hoffnungen, die sich nicht mehr einlösen lassen, zumindest nicht mit diesem Menschen. Vor allem aber wird noch einmal in der Erinnerung das Leben mit diesem Menschen wachgerufen, die Beziehungsgeschichte mit ihm in einer ungeheuren Dichte erlebt, so daß sie nicht verloren gehen kann. Menschen in dieser Phase sagen immer, sie könnten nur an den verstorbenen Menschen denken. Sie wünschen sich, weniger von diesen Gedanken besetzt zu sein, es gelingt ihnen aber nicht. Es ist nämlich für den Trauerprozeß gerade sinnvoll, daß sie immer wieder von diesen Menschen sprechen, Erinnerungen hochkommen lassen, sie mit andern teilen, denn dadurch wird erlebbar, was wichtig war in der Beziehung, auch was davon bleibt.

Diese Trauerphase ist bei einem Kindstod wesentlich schwieriger zu bewältigen. Zwar besteht auch da der Wunsch, immer wieder vom Kind zu

sprechen. Aber mit wem? Das Kind war vor allem im Erleben des Paares ver-
wurzelt, anwesend, und das Paar ist es denn auch, das über das Kind sprechen sollte, über die Erwartungen, die Hoffnungen, über die Enttäuschung,
den Schmerz. Natürlich gibt es auch eine engere Umgebung, die an der
Schwangerschaft ebenfalls teilgenommen hat, aber diese Umgebung ist letztlich doch nicht so sehr daran beteiligt. Es ist nicht nur die Abwehr der Trauer, die die näher stehenden Menschen dazu führt, nicht vom Kind zu sprechen, sondern auch das Gefühl, in einen Intimbereich des Paares einzudrin-
gen. Zudem fällt es nicht direkt Beteiligten bei Trauerprozessen immer sehr
schwer, die unzähligen Wiederholungen anhören zu müssen. Trauernde
müssen ihre Geschichte immer wieder erzählen, um den Verlust emotionell
verarbeiten zu können. Nicht direkt Betroffene werden ungeduldig, wehren
ab.

Als weitere Schwierigkeit kommt in der Regel dazu, daß trauernde Eltern
sich zurückgezogen haben: Der Trauerprozeß ist ein Prozeß des Rückzugs,
der Selbstbesinnung unter neuen Lebensumständen. Dieser Rückzug bringt
es natürlicherweise auch mit sich, daß Trauernde nicht auf andere Menschen
zugehen, daß diese anderen Menschen aber auch weniger auf die Trauernden zugehen, weil sie nicht wissen, wie sie sich verhalten sollen. Auch deshalb ist die Paarbeziehung einer großen Belastung ausgesetzt.

## Wirkung auf die Paarbeziehung

Bei den vorliegenden Beispielen wird deutlich, daß das Kind auch den Übergang vom Leben als Paar zum Leben als Familie hätte bewirken sollen. Eine
neue Phase der Beziehung ist angestrebt, mit einer neuen Hoffnung verbunden. Das Paar kommt nun aber wieder zurück aus der Klinik – nicht als Familie, sondern als Paar: Der Übergang ist nicht möglich, zumindest jetzt
nicht. Je nachdem, was dieser Übergang für die Beziehung bedeutet hätte,
werden nun andere Probleme sichtbar: Sollte ein Kind das Augenmerk etwas
von der Paarbeziehung abziehen, die Verantwortlichkeit für das Kind mehr
im Mittelpunkt stehen als die Paarbeziehung, so werden bestimmt alte Paar-
konflikte jetzt aktiviert. Aus den Erlebnisberichten geht deutlich hervor, daß
es Paare gibt, die durch den Verlust eines Kindes große Schwierigkeiten bekommen, andere rücken mehr zusammen, können den Verlust so verarbeiten, daß zwischen ihnen eine neue, größere Nähe entsteht. Es ist allerdings

nicht selten – nach meiner Erfahrung, hier in diesen Erfahrungsberichten eher weniger gespiegelt –, daß große Schwierigkeiten zwischen den Partnern auftreten, daß unausgesprochen Vorwürfe gemacht werden, einander auch „Schuld" zugeschoben wird. Jedes der beiden ist auch enttäuscht, daß es die Situation nicht retten konnte, daß dem Partner/der Partnerin dadurch so viel Schmerz zugefügt wurde. Auch fühlen sich viele Menschen verpflichtet, dem Partner/der Partnerin den Schmerz wegzunehmen, das ursprüngliche Wohlbefinden wieder herzustellen. Das ist aber in dieser Situation nicht so leicht möglich. Am ehesten noch dann, wenn man die Trauer miteinander teilen kann, wenn es auch weiter möglich ist, zärtlich miteinander zu sein, wenn zumindest über die Bedürfnisse nach Sexualität und die Probleme damit geredet werden kann. Diese können nämlich sehr unterschiedlich sein, besonders in dieser Situation.

Hemmend wirkt oft auch, daß die Traueräußerungen so sehr verschieden sind, oder daß – oft der Mann – das Gefühl hat, er müsse die heftigen Trauerausbrüche der Frau kompensieren, er müsse wenigstens noch die „Sinne beieinander halten". Die Frau fühlt sich in einer solchen Situation natürlich brüskiert durch die Kälte ihres Partners, fühlt sich noch zusätzlich verlassen.

Trauer ist eine Emotion, die uns den Rückzug suchen läßt, und das oft auch in der Partnerschaft. Findet dieser Rückzug statt, ist es schwer, wieder Zugang zueinander zu finden. Wird das Verlusterlebnis aber als gemeinsam zu bewältigende Aufgabe gesehen, dann kann auch eine neue Nähe stattfinden, können vielleicht Emotionen miteinander erlebt und geteilt werden, die zuvor nicht zugänglich waren. Aber auch unter diesen günstigen Umständen ist zu bedenken, daß Menschen verschieden trauern, daß jeder Mensch seinen eigenen Rhythmus hat, auch in der Trauerarbeit. Da wird dann etwa ein Mensch noch rebellieren gegen das Schicksal, der Partner kann gerade ein erstes Mal den Verlust akzeptieren und sich bedroht fühlen durch die Rebellion in seiner gerade erst jetzt möglich gewordenen akzeptierenden Haltung. Er/sie fürchtet die Ansteckung. Tage später mag es wieder ganz anders aussehen, da über längere Zeit Rebellion und das Gefühl, das Schicksal annehmen zu können, den Verlust auch als etwas Wesentliches im Leben zu sehen, nebeneinander bestehen können, sich abwechseln können.

Eine weitere Schwierigkeit besteht darin, daß Menschen, die trauern, auch in andern Menschen immer wieder die Gefühle der Trauer wecken, auch dann, wenn diese einmal eine ruhigere Phase hätten. Um sich zu schützen, grenzt man sich dann ab vom Partner/von der Partnerin – und läßt ihn oder sie dadurch nochmals im Stich. Dies wird besonders dann empfunden, wenn nicht formuliert werden kann, daß man am Rande seine Kräfte ist, sondern vom andern Menschen fordert, jetzt endlich anderes Verhalten zu zeigen.

Trauerphasen sind für ein Paar sehr belastende Phasen. Schwierigkeiten, die es schon immer gegeben hat, werden deutlich sichtbar, und sie verunmöglichen oder erschweren die gemeinsame Trauerarbeit. Andererseits kann gerade diese Zeit des Umbruchs und der großen Belastung auch dazu führen, daß Menschen einander sich näher zeigen können. Es ist allerdings daran zu denken, daß jeder der Partner eine eigene Beziehung zum Kind hatte, die Trauer kann nicht nur eine gemeinsame sein, sie muß auch eine individuelle sein.


## Die neue Schwangerschaft

Einigermaßen verarbeitet ist der Verlust eines Kindes wohl dann, wenn der Wunsch, ein neues Kind zu bekommen, größer ist als die Angst, auch dieses neue Kind wieder zu verlieren. Das heißt aber nicht, daß das verstorbene Kind vergessen wäre oder daß die Erinnerung an seinen Tod nicht immer einmal wieder schmerzhafte Emotionen auslösen könnte. Auch ist es nicht möglich, Zeitangaben für diesen Prozeß zu machen, Menschen brauchen jeweils ihre Zeit.

Die Zeit der neuen Schwangerschaft ist nun geradezu noch einmal ein wesentlicher Aspekt der Abschlußphase des Trauerprozesses. Die Schwangerschaft weckt unabweisbar die Erinnerung an die Schwangerschaft mit dem verstorbenen Kind, läßt Ängste, Hoffnungen, Sehnsüchte, Wünsche, die mit dem Leben des ersten Kindes verbunden waren, wieder aufleben. Diese Schwangerschaft ist, wie es auch in den Erlebnisberichten sehr deutlich zum Ausdruck kommt, von einer ängstlichen Erwartung geprägt. Oft trauen sich Eltern gar nicht, sich richtig zu freuen auf das neue Kind, bevor nicht sicher ist, daß es auch wirklich am Leben bleiben darf. Gerade das erleben sie dann wieder als Schuld dem Ungeborenen gegenüber: Es hat doch auch das Recht darauf, daß es mit Phantasien bedacht wird, daß man sich auf es freut. Aber die Realität von Eltern, die ein Kind durch Kindstod verloren haben, ist die, daß sie sich ängstigen und sich zugleich freuen, daß sie während der Schwangerschaft noch einmal Abschied nehmen von dem Kind, das nicht leben durfte, und sich klar machen, daß nun ein anderes Kind unterwegs ist.

Eltern — und besonders die Mütter — möchten jetzt alles recht machen. Aber wie macht man das, und was ist recht? Wiederum stößt man an die Endlichkeit. Mütter wissen zum Beispiel, daß sie nicht ängstlich sein sollten, aber sie sind verständlicherweise ängstlich. Es wäre einfacher, würden sie zu ihrer Angst stehen, statt von sich zu fordern, was nicht zu fordern ist. Ab und zu wird auch die Frage gestellt, ob denn die Trauerarbeit nicht abgeschlossen sei, wenn noch soviele Erinnerungen, verbunden mit Angst, hochkommen. Es ist schwer zu beurteilen, wann die Trauerarbeit abgeschlossen ist, ob sie überhaupt je abgeschlossen sein kann.

Ich habe in der Therapie von Frauen, die ein Kind verloren haben, anhand von Träumen den Eindruck gewonnen, daß der Verlust hinreichend verarbeitet war — dennoch reagierten sie bei einer erneuten Schwangerschaft mit Angst, Freude und mit Schmerz um den Verlust des verstorbenen Kindes. Mir scheint es geradezu Ausdruck dafür zu sein, daß man dem Leben wieder traut, auch wenn es den Tod kennt, den wir nicht begreifen, wenn man sich wieder ängstlich auf die Hoffnung einläßt. Natürlicherweise werden von diesen Müttern Schwierigkeiten, die während der Schwangerschaft auftreten, schneller registriert und mit Angst, ja sogar Panik, wahrgenommen.

Ist das neue Kind geboren, dann hören die Probleme keineswegs auf. Kinder verwandeln den Alltag entscheidend; ein Säugling bestimmt weitgehend den Alltag. Das ist nicht nur schön, sondern kann auch Ärger, Wut, Frustration auslösen. Auch sind Säuglinge sehr verschieden, wirken Säuglinge und Eltern sehr verschieden aufeinander ein. Auf dem Hintergrund der Erfahrung, daß Kinder sterben können, wollen Eltern nun gar nichts verpassen, alles richtig machen, und dabei überfordern sie sich regelmäßig. Sie wagen es zum Beispiel nicht, sich gegen das Kind auch einmal abzugrenzen, ihre Bedürfnisse auch wahrzunehmen.

Die Angst der Eltern teilt sich natürlich auch den Kindern mit. Angst ist ansteckend, und so müssen Eltern und Kinder miteinander mit Mut zu ihrer Angst leben.

Ein Problem zeigt sich oft mit dem Schlafen: Dürfen diese Kinder schlafen, ist der Schlaf nicht schon nahe beim Tod? Es ist verständlich, daß Mütter, deren Kinder den Krippentod gestorben sind, immer wieder ans Bett des Säuglings gehen, nachsehen, ob er noch atmet. Und dennoch meine ich, daß es wichtig ist zu wissen, daß jedes Kind auch wieder sein eigenes Schicksal hat, daß wir es zwar schützen werden, soweit es in unserer Macht steht, daß aber letztlich wir nicht über Leben und Tod befinden können. Erst wenn wir ein Kind innerlich so loslassen können, meine ich, ist der Verlust des verstorbenen Kindes einigermaßen verarbeitet, können wir auch das neue Kind in sein eigenes Leben hinein freilassen, ohne daß es durch die Ängste der Eltern zu sehr gebunden wird.

## Ein neues Kind — ein Ersatz für das alte?

Eine Möglichkeit, die Trauerarbeit zu umgehen — oder zumindest abzukürzen —, so meint man, bestehe darin, möglichst schnell wieder schwanger zu werden, ein neues Kind zu bekommen. Im Extremfall bekommt dieses neue Kind den Namen, der dem verstorbenen Kind zugedacht gewesen wäre, und es soll die Phantasien erfüllen, die mit diesem ersten Kind verbunden waren. Diese Kinder dürfen dann nicht so sehr das eigene Leben leben, ihr Schicksal ist es, eine Schwester, einen Bruder zu ersetzen. Ergeben sich Schwierigkeiten mit ihnen — und das wird zwangsläufig geschehen, weil sie leben —, dann werden sie verglichen mit möglichen idealisierten Entwicklungen der Kinder, die gestorben sind.

In dieser extrem verzeichneten Weise werden Kinder selten zu einem Ersatz für ein verstorbenes Geschwister. Auch läßt sich die Trauer kaum umgehen, gerade nicht mit einer neuen Schwangerschaft. Nachfolgende Kinder werden eher mit den erstgeborenen, verstorbenen Kindern verglichen, wenn diese einige Jahre gelebt haben, dann gestorben sind. Dann haben Geschwister auch von sich aus manchmal das Bedürfnis, ihren Eltern das verstorbene Geschwister zu ersetzen.

Dennoch stellt sich die Frage, ob es möglich ist, daß ein neues Kind wirklich ein neues Kind sein darf, oder ob es zu einem Teil zumindest das verstorbene Kind ersetzt. Es ist wohl das Schicksal dieser Nachgeborenen, daß sie noch teilhaben an der Trauer, daß ihre Geburt die Trauer zu einem vorläufigen Abschluß bringt. Sie sind Leidtragende, weil sie von der Angst beeinträchtigt sind, weil sich meistens viele Erwartungen mit ihrem Leben verbinden, sie sind aber auch die Tröster. Das ist die Situation, in die sie hineingeboren werden — und es ist daran zu denken, daß wir immer in irgendeine Situation hineingeboren werden, die unser Wesen und unser Auf-der-Welt-Sein zu einem Teil mitbestimmt.

Dennoch ist es wichtig, daß jedes Kind wirklich es selbst sein darf, nicht einfach ein Ersatz für das Verstorbene, sondern ein neuer Mensch, mit dem Recht auf neue Probleme. Emotionell werden aber die Erlebnisse mit dem verstorbenen Kind nicht einfach wegzuschieben sein. Ist es gelungen, Trauerarbeit zu leisten, dann hat das verstorbene Kind seine Eigenpersönlichkeit erhalten. Es wird auch, etwa auf einem Foto und in Erzählungen, anwesend sein in der Familie, es hat einen Namen und einen Platz in der Familie.

Daß ein Säugling die Mutter auch einmal an einen verstorbenen Säugling erinnert, scheint mir nur normal zu sein − denn jedes Kind ist zunächst einmal einfach ein Kind und erst dann das jeweils ganz spezielle Kind. Erst wenn Vergleiche angestellt werden zwischen den Kindern und das lebende, lebendige Kind dabei schlecht wegkommt, dann müssen wir uns fragen, ob wir das lebendige Kind nicht mit dem Ideal-Kind vergleichen, das wir in unserer Phantasie natürlich aufbauen und mit dem verstorbenen Kind verbinden können. Dieses Verhalten eignet aber den meisten Menschen: Wir haben generell die Neigung, Kinder an einem Ideal von Kindsein zu messen, statt daß wir einfach einmal hinsehen, welche Art von Kind sich denn zu uns gesellt hat und wie wir damit am besten umgehen.

Daß ein Kind nicht ein Ersatz für ein verstorbenes ist, zeigt sich auch daran, daß immer wieder Situationen der Trauer aufbrechen, die dem Verlust des verstorbenen Kindes gelten, etwa wenn sein Geburtstag ist oder wenn Kinder anwesend sind, die gerade im Alter des verstorbenen Kindes sind, wenn andere Eltern Kinder verlieren usw.

Einen Trauerprozeß durchgestanden zu haben heißt nicht, daß uns nie mehr der Schmerz um den Verlust eines Kindes packt, es heißt vielmehr, daß wir es wagen, trotz des Verlusts wieder in das Leben zu vertrauen, Hoffnung wieder zuzulassen.


## Pathologische Trauer

Pathologische Trauer zeichnet sich nicht dadurch aus, daß immer wieder Schmerz erlebt wird, daß immer wieder deutlich wird in einer Familie, daß da ein großer Verlust eingetreten ist, der die ganze Familie geprägt hat, sondern dadurch, daß die Hoffnung ins Leben nicht mehr gefunden werden kann. Das kann sich daran zeigen, daß die ganze Lebensenergie an den Verlust gebunden bleibt, daß immer wieder dieser Verlust im Zentrum der Gedanken und der Phantasien steht, oder daß Menschen mit länger andauernden Depressionen reagieren, dabei immer um die Warum-Frage kreisen, sich Vorwürfe machen wegen ihrer Schuld, ohne sie zu akzeptieren, Gefühle der Leere, nicht des Schmerzes vorherrschen. In diesen Fällen ist therapeutische Hilfe angezeigt. An sich ist der Trauerprozeß ein schmerzhafter natürlicher Entwicklungsprozeß, der keiner Therapie bedarf.

*Karl-Heinz Wehkamp*

# Kindstod in der Frauenklinik

Kein Ereignis gleicht dem anderen, und keines wird von zwei Menschen gleich wahrgenommen. „Der" Kindstod ist immer ein besonderer und seine Bewältigungsformen sind stets die von Individuen. Im Folgenden spreche ich deshalb vorwiegend von *meinen* persönlichen Erfahrungen, die ich als Arzt in einer goßen Frauenklinik und dort zum Teil im Rahmen einer psychosomatischen Arbeitsgruppe gemacht habe. Bei allen Verallgemeinerungen sollen selbstverständlich auch andersartige Erfahrungen nicht geleugnet werden.

Eine Frauenklinik widerspiegelt nicht nur die Gesellschaft ihrer Zeit, sondern auch das gesamte Spektrum des menschlichen Lebens. Gesunde und Kranke, Junge und Alte, Frauen, Kinder und auch Männer nehmen ihre Dienste in Anspruch. Die Erfahrungen berühren in den meisten Fällen den Kern der individuellen Existenz: Entwicklung, Realisierung, Bedrohung und Verlust der Fähigkeit zur Fortpflanzung werden in ihrer tiefen Verknüpfung mit dem Wohlbefinden, dem Glück und Sinn des Lebens erfahrbar. Und wie Licht und Schatten untrennbar zusammengehören, so sind Sexualität und Reproduktion des Lebens mit Glück und Leiden, Erfüllung und Hoffnungslosigkeit, Lust und Angst, Geburt und Tod im Gegensatz vereint. In einer Frauenklinik liegt dies offen und konkret vor. Gebärende und Sterbende liegen buchstäblich Tür an Tür – und im Falle der Fehlgeburt, des Schwangerschaftsabbruchs und des Kindstods fallen Geburt und Tod zusammen. Dennoch scheint den Mitarbeitern der Klinik die Bedeutung der Ereignisse und Vorgänge hinter der Pragmatik der täglichen Arbeit verborgen zu bleiben.

Vielleicht könnte man als Schwester, Hebamme oder Arzt/Ärztin seine Tätigkeit kaum aushalten, würde man sich nicht schützen durch eine Abwehr allzu starker emotionaler Betroffenheit und geistiger Reflexion. Dem individuellen, mehr unbewußten Abwehrverhalten steht freilich eine institutionelle und eine gesellschaftlich verankerte Abwehr zur Seite. Die auf unmittelbare Nützlichkeit und Kostenersparnis ausgerichtete Krankenhaus-(Krankenkassen-)medizin hat für derlei „Störfaktoren" ebensowenig Platz wie unsere Gesellschaftsform, deren Funktionieren auf der Konzentrierung alles Geistigen in unmittelbare Funktionsarbeit beruht. Wer geglaubt hat, nur die Ärzte und „die" Medizin müßten sich ändern, um den Ereignissen um Geburt, Krankheit und Tod in ihrer gesamten körperlichen, psychisch-seelischen und sozialen Dimension besser gerecht zu werden als bisher, sollte sich belehren lassen: Die gesamte Gesellschaft, ja gerade auch die „Patienten" und ihre Angehörigen scheinen sich gegen ein ganzheitliches Verstehen und Wahrnehmen verschlossen zu haben. Ärzte und Medizin sind nicht besser und nicht schlechter als die Gesellschaft, der sie entspringen und die sie widerspiegeln – und sie sind nicht minder widersprüchlich.

Als ich vor fünf Jahren mit einigen Psychologiestudenten eine „Psychosomatische Arbeitsgruppe" gründete und wir mit der Betreuung schwangerer Frauen mit besonderen „Schwangerschaftsrisiken" begannen, da wurden wir mit dem Kindstod in doppelter Weise konfrontiert: Einige dieser Mütter verloren ihre Kinder. Bei anderen zeigte sich, daß ein unglückliches Ende der vorausgegangenen Schwangerschaft die jetzige äußerst bedrohlich überschattete. Erst jetzt fragten wir uns, wie denn wir selbst uns verhalten, wenn ein Kind vor, während oder nach der Geburt gestorben ist oder stirbt.

Die *übliche Praxis* in unserer Klinik war *bis dahin* durch Verhaltensweisen gekennzeichnet, die man als Abwehrmechanismen der Verleugnung und des Nicht-wahrhaben-Wollens bezeichnen kann. Tote Kinder sollten möglichst unsichtbar gemacht werden. Die Mutter sollte sie nicht sehen, sie sollte nicht an die Schwangerschaft und die Geburt erinnert werden, sie sollte nicht viel nach dem Kind fragen. Es sollte im Unbekannten verschwinden, keinen Ort und keinen Namen haben. Praktisch wurde es als „menschlicher Abfall" verbrannt oder anonym vergraben. War in den ersten Tagen nach der Geburt die Gefahr groß, daß das Kind sterben würde, so wurde der Kontakt zwischen Mutter und Kind oft unterbunden oder doch jedenfalls nicht gefördert, da man meinte, die Mutter so vor größerem Schmerz bewahren zu können.

War es in den ersten Schwangerschaftsmonaten zu einer Fehlgeburt gekommen, medizinisch als „Frühabort" bezeichnet, so wurde noch weniger von einem verstorbenen Kind gesprochen und mit der Möglichkeit einer neuen Schwangerschaft scheinbar getröstet. Da es sich vom medizinischen Standpunkt bei der Fehlgeburt um „kleine Fische" handelt und zudem um ein überaus häufiges Geschehen, wurde die betroffene Frau zumeist wenig beachtet. Mit ihrem Kummer und oft auch ihren Fragen mußte sie allein zurechtkommen, allenfalls wurden Beruhigungsmittel geboten (und von den Frauen nicht selten auch gefordert). Im Falle einer ärztlich eingeleiteten

Fehlgeburt, zum Beispiel bei nachgewiesenen schweren genetischen oder Entwicklungsstörungen des Ungeborenen, wurde die Mutter ebenfalls mit Medikamenten „beruhigt" und ihr Bewußtsein „eingenebelt", um sie so möglichst nicht mit der Geburt eines nicht lebensfähigen Kindes zu belasten. War diese schon unvermeidlich, so sollte sie zumindest nicht als solche wahrgenommen werden.

Als wir die herkömmliche Praxis zu ändern versuchten und damit begannen, den Müttern und Vätern ihr Kind zu zeigen und die Wirklichkeit des Kindstodes klar erfahrbar zu machen, da wurden wir von einem Teil der Hebammen und Schwestern der Grausamkeit und Brutalität bezichtigt, während sich die Ärzte überwiegend neutral (oder desinteressiert?!) verhielten. Im Verlauf unserer Auseinandersetzungen wurde jedoch unübersehbar, daß nicht allein die Betroffenheit der Mütter, sondern ebenso die der Klinikmitarbeiter zur Debatte stand. Man selbst wollte mit der Realität des Kindstodes nicht konfrontiert werden, weigerte sich mehr oder minder unbewußt, ihn wahrzunehmen. Und da die Sorge um die seelische Verfassung der Patientinnen ausdrücklich *nicht* zu den Grundanforderungen an die Kliniktätigkeit gehört – trotz aller Festreden zum Thema Humanität sehen Krankenkassen, Klinikverwaltungen und naturwissenschaftliche Medizin das nicht vor! –, war und ist es in das Belieben, Vermögen und die Kraft der einzelnen Hebammen, Schwestern und Ärzte/Ärztinnen gestellt, wieweit sie sich auf die Situation der betroffenen Mütter einlassen.

Nach unseren Erfahrungen erwartet alle Welt von den verwaisten Eltern, daß diese mit dem Verlust ihres Kindes leicht fertigwerden, so als handele es sich bei dem toten Kind um ein unbeschriebenes Blatt, als sei es noch gar kein „richtiger Mensch". Es hat ja noch nicht richtig gelebt – oder allenfalls kurze Zeit. Trauer, die beim Tod eines länger gekannten Menschen selbstverständlich ist, für die es traditionelle Ausdrucksformen gibt, die sogar direkt gefordert wird, hat hier weder eine gesellschaftlich und institutionell verankerte Form noch wird sie unbedingt erwartet. Dem steht die Beobachtung entgegen, daß nicht nur von den Eltern, sondern gerade auch von den Beschäftigten der Frauenklinik der Kindstod nicht selten als wesentlich „schlimmer" erlebt wird als der Tod eines Erwachsenen. Dazu einige Beispiele:

*Ein junger Assistenzarzt hat schon mehrfach den Schwestern geholfen, verstorbene Patientinnen in den Leichenraum zu fahren. Er läßt sich nicht dazu*

81

*bewegen, mit uns zusammen ein vor der Geburt verstorbenes Kind anzuse-*
*hen.*

*Ein Elternpaar möchte einen Tag nach der Geburt eines toten Kindes dieses*
*Kind ansehen. Der zuständige Stationsarzt bittet mich um Begleitung, da er*
*„noch nie sowas gemacht" hat. Als wir das Kind aus dem Leichenraum ab-*
*holen wollen, läßt er sich wegen „dringender Arbeiten" entschuldigen. Als*
*ich mit dem Kind, das unkenntlich in Tücher eingewickelt ist, auf der Station*
*erscheine, wird die anwesende Stationsschwester bleich und verschwindet*
*auf der Stelle. Als ich nach einer Schwester suche, da ich ein neues Laken be-*
*nötige, gelingt es nicht, auf der gesamten Station auch nur eine einzige*
*Schwester zu finden. Nachdem die Eltern ihr Kind angesehen und berührt*
*haben, versuche ich mit der Stationsschwester zu sprechen. Ich erzähle ihr,*
*wie schön rosig und äußerlich unversehrt das Kind ausgesehen habe und wie*
*wichtig der Besuch für die Eltern war. Dennoch gelingt es mir nicht, sie zum*
*Anblick des Kindes zu bewegen.*

Schließlich haben viele Frauen und auch Männer immer wieder berichtet,
daß der Verlust ihres Kindes wesentlich schwerwiegender war als der Tod
von nahestehenden Erwachsenen. Das wird freilich nicht immer so sein, aber
es ist auch keine Seltenheit. Ein solches Kind ist eben *kein* unbeschriebenes
Blatt. Es hat ja gelebt im Leib der Mutter, sie haben miteinander kommuni-
ziert, eine Beziehung gehabt. Sie haben sich schließlich überwiegend als *Ein-*
heit empfunden, deren Ende keine Zweiheit, sondern eine unausgefüllte
Leerstelle hinterläßt. Die „gute Hoffnung" wurde betrogen, die Brust bildet
ihre Milch umsonst. Zweifellos rührt der Tod des Kindes tiefste Schichten an
– und selbst die Sprache versagt: Kann ein totes Kind „geboren" werden?!
Wer als Außenstehender, zum Beispiel als Arzt, mit dieser Situation konfrontiert wird, der spürt unweigerlich etwas von dieser Schwere. Dieser Tod
läßt sich nicht – wie es beim erwachsenen Kranken oft der Fall ist – als Er-
löser verstehen. Er läßt sich schwer begreifen, und es ist schwer, Worte zu
finden, vor allem richtige Worte. Sehr häufig kenne ich die betreffende Frau
nicht, allenfalls über Stunden oder wenige Tage, sie muß mir auch nicht nahe
sein, auch nicht unbedingt sympathisch. Zudem gibt es in der Klinik genug
zu tun und ausgeruht ist man zumeist auch nicht. Und die Wissenschaft läßt
einen in dieser Situation ebenso im Stich wie die Institution Krankenhaus,
die sonst für alles mögliche Regeln und Vorschriften hat. Für den Arzt ist es

am einfachsten, sich der schwierigen und unheimlichen Situation zu entziehen. Niemand — wenn nicht sein selbstgesetzter Anspruch — verlangt von ihm das Gegenteil.

Psychologen verweisen häufig auf narzißtische Kränkungen, die ein Arzt angesichts des eingetretenen Todes erfährt, da er sich der Grenzen seiner Macht bewußt wird und sich Gefühlen von Hilflosigkeit und auch Schuld ausgesetzt fühlt. Ich kenne solche Gefühle durchaus, halte sie aber nicht für die wesentlichen (Psychologen freuen sich auch gern über Ärzte, die mit ihrem Latein am Ende sind). Eine „Tot-Geburt" und auch der Tod eines Neugeborenen sind für sich schon von hinreichender Belastung, um mächtigste Gefühle der Abwehr, Verdrängung und des Rückzugs freizusetzen. Ich nehme mich da selbst nicht aus: die Situation des Kindstods auszuhalten verlangt immer wieder ein Bewußtmachen und eine Überwindung eigener Widerstände. Im Nachhinein erlebe ich es dann überwiegend als dankbare, wertvolle Erfahrung, den Kontakt mit der Mutter (und oft auch mit dem Vater) verstärkt und nicht abgebrochen zu haben.

Und die Mütter? Das Krankenhaus ist für sie in der Regel fremd, Ärzte und Hebammen haben sie sich nicht ausgesucht. Oft wundere ich mich über die äußerliche Gelassenheit vieler Frauen unter der Geburt eines gestorbenen Kindes. Viele wollen von allem nichts wissen, wollen es nur schnell hinter sich bekommen. Mütter mit toten Kindern sind häufiger allein unter der Geburt als andere Frauen. Oft schicken sie ihre Männer auch fort, wollen sie nicht mit Dingen belasten, für die sie selbst sich zuständig und verantwortlich fühlen. Nach unseren Erfahrungen möchte etwa ein Drittel aller Frauen ihr Kind sehen oder in den Arm nehmen. Ein weiteres Drittel betrachtet oder berührt ihr totes Kind auf unser eindringliches Zuraten hin. Das letzte Drittel will das Kind nicht sehen, betrachtet es aber häufig am nächsten Tag in unserer Begleitung oder will jedenfalls eine Photographie anschauen. Sehr wenige empfinden es als eine Zumutung unsererseits, sie diesem Kind auszusetzen.

Gleichgültig wie die Beziehung zwischen den betroffenen Frauen und den Klinikmitarbeitern war, ein Kindstod lastet für einige Zeit über dem Kreissaal oder der Station. Ein bewußter Umgang im Sinne eines weitgehenden „Zulassens" der Realität: „Es war eine Geburt — es war ein Kind — es war ein unersetzbarer, einmaliger Mensch", erleichtert nicht nur den unglücklichen Eltern, sondern auch den Hebammen, Ärztinnen und Ärzten ihre Situation.

**Betreuungskonzept nach einer glücklosen Schwangerschaft
an der Frauenklinik des Zentralkrankenhauses St. Jürgenstraße, Bremen**

Beim intrauterinen Kindstod (also beim Tod des Kindes vor der Geburt) ist das Vorgehen in unserer Klinik im Idealfall folgendermaßen: Bis zur Geburt sollte die Mutter nicht allein sein. Der Ehemann oder Partner wird mit aufgenommen. Neben ihm kümmern sich eine Hebamme und ein Arzt um die Frau. Wir geben keine Beruhigungsmittel (Valium o.ä.), aber ausreichend Schmerzmittel, im allgemeinen eine Periduralanästhesie. Wir bemühen uns um einen möglichst guten Kontakt zur Patientin. Wenn es möglich ist, wird vorab der weitere Verlauf besprochen. Wir erklären, welchen Sinn es hat, nachher das tote Kind zu betrachten oder sogar in den Arm zu nehmen. Nach der Geburt reinigen wir das Kind und wickeln es in ein Tuch. So wird es der Mutter bzw. den Eltern gezeigt. Lehnen diese es zunächst ab, das Kind zu sehen, so bieten wir die Möglichkeit an, das Kind innerhalb von 24 Stunden gemeinsam mit uns anzusehen. Zudem wird meist schon von der Hebamme ein Photo des Kindes gemacht, so daß man später zumindest dies anschauen kann. In den Tagen nach der Geburt besuchen wir die Patientin möglichst täglich – manchmal auch zweimal am Tag. Wir bieten uns an zum Zuhören, sprechen aber auch die Frau auf mögliche Schuldgefühle an.

Wurde das Kind lebend geboren und ist ein baldiger Tod, sei es in Stunden, Tagen oder Wochen zu erwarten, so ermuntern wir die Mütter und Väter zur Kontaktaufnahme mit dem Kind, in vollem Bewußtsein von der Unvermeidlichkeit des baldigen Todes. Wir begleiten die Eltern beim ersten Besuch des Kindes, wir ermuntern sie zum körperlichen Kontakt, wobei zumeist nur die ersten Schritte gebahnt werden – den weiteren Weg gehen die Eltern dann allein. Wird ihnen das Bewußtsein, alles für ihr Kind getan zu haben, langfristig nicht tausendmal hilfreich sein, vor allem wenn die Fragen kommen, ob das Kind nicht vielleicht doch durch ein Mitverschulden der Mutter verstorben ist?

Unser Ziel ist ein möglichst eindeutiges Akzeptieren der Realität durch die Mutter: „Es war eine Schwangerschaft, es war ein Kind, es war eine Geburt." Wir empfehlen, dem Kind einen Namen zu geben und es nach Möglichkeit in einem Familiengrab zu bestatten. Auch nach der Entlassung aus der Klinik stehen wir als Ansprechpartner bereit. In unregelmäßigen Abständen bieten wir einen Gesprächskreis für betroffene Eltern an, der bisher gut besucht wurde. Nach der Geburt werden die Mütter nicht auf die Wöchnerinnenstation, sondern eine gynäkologische Station gebracht, jedoch nicht grundsätzlich, sondern nach Absprache mit der betroffenen Frau.

## Medizinische Gründe für dieses Konzept

Nach eigenen Erfahrungen und anhand der Veröffentlichungen verschiedener Arbeitsgruppen kann die ungenügende Bewältigung eines kindlichen Todesfalles vor, während oder nach der Geburt
- schwere seelische Störungen bei der Mutter hervorrufen,
- zu Verhaltens- und Gesundheitsstörungen bei Geschwistern führen,
- die weitere Familienplanung ungünstig beeinflussen,
- zum psychosomatischen Verursacher von Störungen einer erneuten Schwangerschaft werden, zum Beispiel in Form einer drohenden Frühgeburt,
- das Verhältnis Mutter/Eltern − Arzt/Klinik erheblich stören.

## Seelische Störungen

Der schwedische Psychiater Cullberg hat Frauen, die tote Kinder geboren haben, nachuntersucht. Er fand, daß die Trauerzeit häufig kürzer war, wenn die Frauen die Gelegenheit gehabt hatten, ihre psychische Erregung auszudrücken. Er empfiehlt, daß Eltern, Ärzte und Hebammen mit dem Kindstod möglichst bewußt umgehen und daß die Eltern ihr totes Kind ansehen oder in den Arm nehmen sollen. Der Geburtsmediziner B. Westin aus Schweden erklärt hierzu: „Die Richtigkeit unseres Vorgehens wird von den meisten Patientinnen bestätigt und kann auch an der deutlichen Abnahme von schweren psychischen Störungen (von 32 auf 12%) im späteren Verlauf abgelesen werden." Nach meinen eigenen Beobachtungen verbinden sich bei verwaisten Eltern oft psychische Reaktionen wie Depressionen, Erschütterung des Selbstwertgefühls, schwerste Schuldgefühle, aggressives Verhalten und suicidale Phasen mit schweren Einschränkungen sozialer Verhaltensmöglichkeiten: Familien mit Kindern werden über Jahre und Jahrzehnte gemieden, die Ehe und möglicherweise vorhandene eigene Kinder können überfordert werden. Damit wird zugleich der Boden für vielerlei körperliche Erkrankung bereitet.

## Probleme der Geschwister

Wenn die Mütter oder Eltern sich selbst nicht dem Kindstod stellen können, so werden sie auch nicht in der Lage sein, mit ihren lebenden Kindern über das Ereignis zu sprechen. Für die Geschwister der gestorbenen Kinder werden Tabus spürbar, Fragen bleiben unbeantwortet, und unaussprechbare Ängste und Phantasien können entstehen. Beunruhigung und Verwirrung sind die Folgen. Vier Themen der Phantasien der Kinder und Jugendlichen finden sich immer wieder: „Ich habe das Baby getötet"; „Mutter hat das Kind getötet"; „Ich könnte sterben"; „Ich werde die Stelle des toten Kindes einnehmen."

## Familienplanung

Ein unbewältigter Kindstod ist in der Regel folgenreich für die weitere Familienplanung und hat angesichts der geringen Kinderzahl der heutigen Familien ein besonderes Gewicht. Während ein Teil der Mütter und/oder Väter in einer neuen Schwangerschaft einen „Ersatz" sucht, was in der Regel psychisch nicht unproblematisch ist, sehen andere Frauen von einer erneuten Schwangerschaft ab. Andere wiederum beschränken sich darauf, wenigstens ein Kind zu haben und halten jede weitere Schwangerschaft für zu riskant. Obwohl diese Zusammenhänge offenkundig sind, liegen keine genaueren wissenschaftlichen Untersuchungen hierzu vor.

## Belastung nachfolgender Schwangerschaften

Zahlreiche medizinische Untersuchungen zeigen, daß bei einem vorausgegangenen Kindstod die nachfolgende Schwangerschaft mehr Risiken birgt. Bei den von uns stationär betreuten Frauen mit drohender Frühgeburt fand sich überdurchschnittlich häufig ein vorausgegangener Kindstod. Beim überwiegenden Teil dieser Frauen scheinen es jedoch *psychologische* Aspekte zu sein, die die weitere Schwangerschaft in Richtung einer Frühgeburt gefährden oder doch zumindest einen oft längeren Krankenhausaufenthalt erforderlich machen. Zweifellos sind auch häufig organische Dispositionen bedeutsam. Zahlreiche Einzelfallstudien aus unserer Klinik zeigen, daß in schweren Fällen von drohender Frühgeburt ein unbewältigter Kindstod eine wesentliche Rolle spielt, daß in solchen Fällen eine psychosomatisch orientierte Betreuung und Überwachung der Risikoschwangerschaft erfolgreich ist und – zu einem nicht unbedeutenden Teil – den Einsatz wehenhemmender Mittel vermindern oder sogar ersetzen kann.

## Eltern-Arzt/Klinik-Verhältnis

Ein Kindstod kann die Beziehung zwischen den Eltern und dem Arzt und/ oder der Klinik stark belasten. Ein anschuldigendes Verhalten der Eltern ist ebenso häufig wie eingestandene oder unbewußte Schuldgefühle bei Eltern und dem medizinischen Stab. Diese Schuldgefühle sollten angesprochen und soweit wie möglich geklärt werden. Wo das nicht geschieht, kommt es oft dazu, daß Mütter/Eltern und die Mitarbeiter/innen der Klinik einander aus dem Weg gehen, aneinander vorbeireden oder aggressiv aufeinander reagieren, ohne zu wissen warum.

## Fragen nach einem Kindsverlust und vor einer erneuten Schwangerschaft

Fehlgeburten, Totgeburten und dem Krippentod liegen unterschiedlichste Vorgänge zugrunde. Sie sollen hier nur soweit erörtert werden, wie sie im Bereich des Verhaltens der betroffenen Eltern liegen. Im engeren Sinne medizinische Sachverhalte sind von dem betreuenden Arzt zu beachten. Ist das Vertrauen zu diesem nach einem Kindstod erschüttert und läßt es sich auch im Gespräch nicht wiederherstellen, so sollte unbedingt ein anderer Arzt aufgesucht werden, da eine *fachärztliche Beratung und Betreuung* zweifellos ein unverzichtbarer Schutz für Mutter und Kind sind – auch und erst recht nach einer Fehl- oder Totgeburt!

Gleiches gilt für die *Wahl der Entbindungsklinik*. Hinsichtlich der Sicherheit für Kind und Mutter sind größere Entbindungskliniken, insbesondere sogenannte „Perinatale Zentren" den kleinen Kliniken in der Regel vorzuziehen, insbesondere dann, wenn eine Frühgeburt droht. Diese Kliniken mögen zum Teil auch Nachteile haben – sie sind durch den hohen Technisierungsgrad und durch die hohe Zahl der Entbindungen oft anonymer –, dennoch ist es durch sie erst möglich geworden, daß noch nie so wenige Kinder und Mütter im Zusammenhang von Schwangerschaft und Geburt verstorben sind oder geschädigt wurden wie heute. Intensive Schwangerschaftsüberwachung und Konzentrierung der Geburtshilfe in Perinatalzentren haben nachweislich der Geburtshilfe in Finnland und Schweden zu ihrer in der Welt führenden Stellung verholfen und auch in der BRD inzwischen eine Annäherung an deren Ergebnisse ermöglicht.

Das Vertrauen zu Arzt und Klinik bemißt sich nicht allein an der fachlichen Kompetenz und Ausstattung, sondern auch an der menschlichen Einfühlsamkeit und an der Respektierung der Persönlichkeit der Patientin. Dazu gehört auch die *Aufklärung über die Ursachen* des Ereignisses und mögliche Konsequenzen. Schuldgefühle, die mehr oder minder bewußt fast jede Frau nach einem Kindsverlust plagen, können auf diese Weise vermindert werden. Je genauer sich eine Ursache ermitteln läßt, um so klarer wird die betreffende Frau mit ihrem Schicksal umgehen können und um so geringer werden die Ängste und Schuldempfindungen sein, die ihren weiteren Weg, insbesondere eine erneute Schwangerschaft, fatal überschatten können.

Grundsätzlich lassen sich schützende und bedrohliche Einflüsse auf das Leben eines sich entwickelnden Menschen auf körperlicher, psychischer und sozialer Ebene (einschließlich der Medizin selbst) beschreiben. Ihre Bedeutung ist je nach Dauer der Schwangerschaft und individueller Situation unterschiedlich. Wird eine körperliche Ursache ermittelt, so schließt das die Wirksamkeit psychischer und sozialer Faktoren nicht aus (und umgekehrt). Leider sind viele Ärzte nicht oder nicht genügend in der Lage, die Verwobenheit körperlicher Vorgänge zu sehen. Viele der ermittelten „Ursachen" sind nur ein Teil eines umfassenderen Wirkungsgefüges. Das gesamte medizinische Wissen über die Ursachen von Fehlgeburt und Kindstod ist unvollständig und zu einem Teil auch spekulativ.

Als *Ursachen von Fehlgeburten* in den ersten zwei bis drei Monaten werden in erster Linie genetisch bedingte Entwicklungsstörungen des Embryos angesehen. Diese müssen sich nicht in einer erneuten Schwangerschaft wiederholen. Eine *humangenetische Beratung* wird im allgemeinen erst nach mehr als drei Fehlgeburten empfohlen sowie nach der Geburt von Kindern mit chromosomalen Fehlbildungen, bei familiärer Häufung, bei höherem Alter sowie bei engeren verwandtschaftlichen Beziehungen.

Als weitere verursachende Faktoren kommen in Betracht: Störungen des menstruellen Zyklus, Erkrankungen der inneren Drüsen wie zum Beispiel Diabetes oder Schilddrüsenfunktionsstörungen, Eibettschädigungen, Fehlbildungen oder Myome der Gebärmutter, Rauchen, Alkohol, Drogen und Arzneimittel, Infektionen, immunologische Störungen sowie andrologische Abweichungen (Samen). Offenkundig sind auch psychologische Momente wirksam – sei es im Sinne tieferer unbewußter Abwehr einer Schwangerschaft oder im Sinne von „stressenden" Belastungen. Eine Frauenklinik in Oslo, in der Frauen mit wiederholten Fehlgeburten nach dem psychotherapeutischen Konzept der „sanften und liebevollen Fürsorge" (tender loving care) betreut wurden, konnte sehr gute Ergebnisse vorweisen.

*Fehlgeburten nach der 15./16. Woche* sind offenbar zu einem hohen Prozentsatz auf Infektionen zurückzuführen, die teils über den mütterlichen Blutkreislauf, teils durch die Vagina aufsteigend entstehen. In dem von J. Dudenhausen herausgegebenen Handbuch „Praxis der Perinatalmedizin" wird berichtet, daß die feingewebliche Untersuchung von Mutterkuchen und Kind in über 41% Zeichen einer Entzündung der Eihäute ergab. Weiterhin sind Entwicklungs- und Durchblutungsstörungen des Mutterkuchens, Mißbildungen und Mehrlingsschwangerschaften häufig als mögliche Ursachen anzutreffen.

Beim *vorgeburtlichen Kindstod* findet sich als häufigste (wahrscheinliche) Todesursache eine Schwäche des Mutterkuchens (Akute und chronische Placentainsuffizienz), und zwar bei knapp der Hälfte aller Fälle. Nabelschnurkomplikationen (Umschlingung, Knoten) werden mit ca. 7% angegeben. Der Schwäche des Mutterkuchens liegt wiederum recht häufig die sog. „EPH-Gestose" (früher als „Schwangerschaftsvergiftung" bezeichnet) zugrunde. Diese kann konstitutionelle Verursacher haben, jedoch auch durch Vorerkrankungen (insbesondere der Nieren) oder Ernährungs- und Verhaltensfehler bedingt sein. Eine engmaschige, häufig im Krankenhaus durchzuführende Überwachung kann diese große Gruppe vor einem Absterben des Kindes im Mutterleib bewahren. Von der Mutter fordert dies oft viel Geduld, da sie sich selbst normalerweise gut fühlt und die Notwendigkeit solcher Überwachungsmaßnahmen (Ultraschall, Hormonanalysen, Herz-Wehen-Schreibung, Fetales EKG) nicht leicht einzusehen ist. Der Slogan „Eine Schwangerschaft ist keine Krankheit" hat bei aller Berechtigung hier auch schon katastrophale Folgen gehabt.

*Haupttodesursachen bei reifen Neugeborenen* sind perinatale Infektionen, also solche, die kurz vor, während oder direkt nach der Geburt erworben wurden. Zu den durch sorgfältige Überwachung in der Regel vermeidbaren Todesursachen zunächst gesund erscheinender Neugeborener gehört in erster Linie die Sepsis (verallgemeinerter Infekt), ferner Lungenentzündungen und Organfehlbildungen (z.B. offener Rücken, Bauchdeckendefekt usw.), die durch kinderchirurgische Maßnahmen hätten behandelt werden können. Da manche lebensbedrohliche Erkrankung erst Stunden bis Tage nach der Geburt erkennbar wird, sollten besonders jene Eltern, die eine „ambulante Geburt" wünschen, sich rechtzeitig mit einem Kinderarzt über die Betreuung nach der Geburt absprechen.

Die *Ursachen der Frühgeburt* sind zugleich auch mitverantwortlich für einen erheblichen Anteil der Kindersterblichkeit. Neben vielen körperlichen Erkrankungen bei Mutter, Kind und Mutterkuchen sind auch Lebens- und Ernährungsgewohnheiten, psychische Störungen oder Überlastungen sowie sehr häufig auch Störungen der Partnerschaft oder unbewältigte traumatische Erlebnisse bei früheren Schwangerschaften verantwortlich. Eine Schwächung des Gebärmutterverschlusses (Cercixinsuffizienz) erhöht die Frühgeburtsgefahr. Durch einen kleinen operativen Eingriff kann der Muttermund mittels eines Bändchens verschlossen werden *(Cerclage)*. Dieser mechanische Eingriff soll eine Frühgeburt verzögern und die Fruchtblase vor aufsteigenden Infektionen schützen. Ein Wundermittel ist der Eingriff nicht, in einzelnen Fällen ist sein Nutzen jedoch nicht zu leugnen.

Bei nicht aufzuhaltender Frühgeburt gehört eine Behandlung der Mutter zum Zweck einer *Förderung der kindlichen Lungenreifung* zu den Eckpfeilern der Perinatalmedizin. Die Wirksamkeit dieser Kur wird hin und wieder bestritten, insgesamt spricht jedoch mehr für die Methode als dagegen. Seit einigen Jahren gibt es zudem eine Alternative zu dem vorwiegend verabreichten Cortison, nämlich Ambroxol.

Kritische Eltern sind immer wieder besorgt über mögliche Schädigungen des Kindes durch *wehenhemmende Medikamente*. Tatsache ist, daß diese in Deutschland unverhältnismäßig viel eingesetzt werden und nicht selten hinsichtlich ihrer Wirksamkeit überschätzt wurden (oder werden). Andererseits ist ein wehenhemmender und durchblutungsfördernder Effekt („intrauterine Reanimation") unbestreitbar, so daß bei sorgfältiger Indikationsstellung und Überwachung die Vorteile dieser Behandlung gegenüber den Risiken einer Frühgeburt bei weitem überwiegen. Ob ihr Einsatz sinnvoll ist, muß stets im Einzelfall entschieden werden. Nicht selten sind vorzeitige Wehen ein „sinnvoller" Vorgang, dem eine Gefährdung des Kindes zugrundeliegt. Während bei Langzeitbehandlung und sehr hoher Dosierung eine Gefährdung des mütterlichen Herzens besteht (jedoch durch regelmäßige EKG-

Kontrollen rechtzeitig erkannt werden kann), liegen bisher keine eindeutigen Hinweise auf Schädigungen von Kindern vor.

Die Ursachen des *Plötzlichen Kindstodes* („Sudden Infant Death") sind trotz intensiver wissenschaftlicher Bemühungen noch nicht bekannt. Wir wissen zwar, daß Jungen und Frühgeborene rein statistisch häufiger betroffen sind als Mädchen und zeitgerecht geborene Kinder, können aber aus diesen und einigen anderen „Risikofaktoren" keine echten Vorbeugemaßnahmen ableiten. Sowenig organische Ursachen bekannt sind, so zurückhaltend sollte man auch mit psychologischen „Erklärungen" sein, die häufig die sowieso schon genug leidenden Eltern zusätzlich mit Selbstzweifeln und Schuldgefühlen beladen. Zunehmend wird bei besonderen Risiken, wenn zum Beispiel bereits ein Kind verstorben ist, mit Monitoren die Herztätigkeit der Kinder überwacht. Die Meinungen über den Nutzen solcher Maßnahmen, die ja für alle Beteiligten auch viel Streß bedeuten können, sind geteilt. Die ständige „Hab-Acht-Stellung" der Eltern kann ihrerseits für das Kind und für die Familie zu äußerst problematischen Zuständen führen.

Der Zeitpunkt einer *erneuten Schwangerschaft* sollte stets im Einzelfall auch mit dem betreuenden Frauenarzt besprochen werden. Auf keinen Fall sollte in einer „neuen" Schwangerschaft ein Ersatz für das verlorene Kind gesucht werden, da dieses sich nicht ersetzen läßt und seinen Platz in der Familie bekommen sollte. Frau und Mann sollten den erlittenen Verlust möglichst gut „bewältigt" haben, indem sie sich ihrer Trauer stellen. Andernfalls kann die nächste Schwangerschaft durch heftigste Ängste überlagert und ganz real gefährdet werden. Nach statistischen Untersuchungen erhöhen zu kurze Abstände zwischen den Schwangerschaften die Gefahr einer Fehlgeburt deutlich. Der günstigste Abstand zwischen zwei Geburten liegt etwa bei zwei Jahren, man sollte also etwa ein Jahr bis zum Eintritt der nächsten Schwangerschaft warten. Bis dahin sollte gegebenenfalls eine Form der *Empfängnisverhütung* gewählt werden. Welches Verfahren das geeignete ist, läßt sich nicht pauschal beantworten.

**Medizinische Maßnahmen bei einer Totgeburt/Fehlgeburt**

Eine Fehlgeburt geht in der Regel mit Schmerzen und heftigen Blutungen einher. Auf jeden Fall muß unverzüglich ein Krankenhaus aufgesucht werden. Kommt es spontan zu einer Geburt, so wird meistens anschließend eine *Aus schabung* durchgeführt. Diese hat den Sinn, möglicherweise verbliebene Reste des Mutterkuchens zu entfernen, um eine anschließende Entzündung der Gebärmutter zu verhindern. Zudem können verbliebene Placentareste in seltenen Fällen Krebs verursachen. Nur wenn Sicherheit besteht, daß die Schwangerschaftsanlage vollständig ausgestoßen wurde, ist ein Verzicht auf die Ausschabung möglich. Sehr häufig ist es jedoch nicht möglich, das Gewebe zufriedenstellend auf Vollständigkeit zu untersuchen, so daß eine Ausschabung in den meisten Fällen notwendig ist. Bei Müttern mit negativem Rhesus-Faktor muß zudem eine Spritze zur *Rhesus-Prophylaxe* gegeben werden, es sei denn, der Vater wäre auch Rh-negativ.

Ist das Kind im Mutterleib abgestorben oder soll aus Gründen einer schweren Mißbildung (zum Beispiel auch bei erkanntem Mongoloismus) die Schwangerschaft abgebrochen werden, so wird heute *durch künstlich erzeugte Wehen* eine *Spontangeburt* angestrebt. Diese sollte im Falle des intrauterinen Kindstods umgehend (wenn auch keineswegs überstürzt) geschehen, da die Gefahr von Störungen der Blutgerinnung besteht. Bei regelmäßiger Untersuchung des mütterlichen Blutes können jedoch durchaus einige Tage bis zur Geburt verstreichen. Die medizinischen Maßnahmen führen häufig auch erst nach ein bis drei Tagen zu einem Erfolg, so daß sie psychisch kollossal belastend und zudem phasenweise sehr schmerzhaft sind. Auf alle Fälle sind Schmerzmittel, häufig auch eine Periduralanästhesie angezeigt. Zudem ist eine einfühlsame Begleitung durch Hebamme, Schwester und Arzt/Ärztin geboten. Als Alternative wäre nur eine operative Geburt denkbar, die jedoch weniger schonend und längerfristig für die Mutter mit mehr Belastungen verbunden ist. Kaiserschnitt und vaginale Sectio sind durch die eingeleitete Geburt weitgehend ersetzt worden und sollten nur als letzte Lösung gewählt werden.

Nach der Geburt (auch nach einer Fehlgeburt) sind Maßnahmen zur *Unterbindung der Milchbildung* erforderlich. Traditionelle Methoden waren die Verlängerung der Abstände zwischen der Entleerung der Brust, kalte Umschläge, Hochbinden der Brust sowie Verminderung der Flüssigkeitsaufnahme der Mutter. Neuere Untersuchungen zeigten hingegen, daß die Trinkmengen seitens der Mutter ohne Einfluß auf die Menge der Milchbildung sind. Die Gabe von Östrogen/Androgen-Mischungen wurde wegen höherer Nebenwirkungsrate aufgegeben zugunsten einer Medikamentengruppe, die das für die Auslösung der Milchbildung erforderliche Hormon (Prolaktin) blockiert. Die jetzt benutzten Medikamente sollten 10-14 Tage lang eingenommen werden, unter Umständen auch länger, wobei die Einnahme nicht abrupt, sondern „ausschleichend" beendet werden soll, da dies gegebenenfalls eine erneute Milchbildung begünstigt.


## „Bremer Thesen"

(Verfaßt für die Psychosomatische Arbeitsgruppe der Frauenklinik des ZKH St. Jürgenstraße Bremen sowie für den „Arbeitskreis Kindstod", der von Herrn Rainer Habel, Persönlicher Referent des Bremer Gesundheitssenators, für die Mitarbeiter der bremischen Frauen- und Kinderkliniken ins Leben gerufen wurde. Hektographiert, Bremen 1984)

1. Richtiger Umgang mit dem Ereignis des Kindstods ist keine Frage der Technik, sondern der persönlichen Wahrhaftigkeit. Für Klinikmitarbeiter sollte deshalb die erste Frage nicht lauten: „Wie soll ich mit den betreffenden Eltern umgehen?", sondern vielmehr: „Wie gehe ich mit dem Ereignis um?"
2. Unser Verhalten gegenüber der unglücklichen Mutter ist stark davon bestimmt, wie wir selbst den Kindstod erleben. Erleben wir ihn schuldhaft (als Versagen der Medizin)? Wehren wir eine emotionale Beteiligung ab und konzentrieren uns auf die technischen Aspekte von Medizin und Pflege? Macht uns das Ereignis aggressiv, weil wir schmerzlich die Grenzen unserer Macht und unseres Vermögens erfahren? Macht es uns hilflos, weil wir weder Gedanken noch Sprache dafür haben?
3. Ansehen und Berühren eines toten Kindes ist für uns oft schwerer als beim verstorbenen Erwachsenen. Im Gegensatz zum Tod des Erwachsenen läßt unsere Gesellschaft uns beim Kindstod Ausweichmöglichkeiten offen. Oft neigen wir dazu, die Schwangerschaft, die Geburt und das Kind als „nicht echt" zu betrachten. Wir verleugnen: „Das war keine richtige Geburt – das ist kein richtiger Mensch." Wir finden es normal, wenn das Kind namenlos unter die Erde kommt. Und wir versuchen das Ereignis ungeschehen zu machen, indem wir die betroffene Mutter (oder uns selbst?) mit der Möglichkeit einer neuen Schwangerschaft „trösten".
4. Wir haben geglaubt (und viele glauben es noch), daß wir der Mutter einen Gefallen tun würden, wenn wir ihr den Anblick ihres toten Kindes ersparen. Andererseits empfinden es manche betroffenen Mütter und Väter – und mehr noch deren Angehörige – als Härte, sogar als Grausamkeit, wenn

das gestorbene Kind gezeigt wird. Geben wir damit nicht unbewußt zu erkennen, daß wir den Kindstod als ein kaum auszuhaltendes, unheimliches und sehr schlimmes Ereignis betrachten? Und wollen wir – indem wir vorgeben, die Mutter zu schützen – nicht vielmehr uns abschirmen?

5. Wenn der Kindstod uns selbst so sehr berührt, daß wir ihn spontan am liebsten unsichtbar und ungeschehen machen wollen, wie sehr wird er die Mutter und den Vater des Kindes betreffen! Mit ihrem Kind haben sie eine Hoffnung, ein reales Stück Gemeinsamkeit, die Unversehrtheit ihres Selbstvertrauens in ihre Fähigkeit zur Erzeugung eines Kindes verloren. Oft ist damit ein wichtiger Teil des selbstempfundenen „Sinns" ihres Daseins erschüttert. In der Regel wird dieses Ereignis unvergessen bleiben und es wird die Gefühlswelt und Persönlichkeit der Eltern aufs heftigste bewegen. Ist es dann nicht selbstverständlich, daß ein solch folgenschweres Ereignis bewältigt sein will? Muß dann nicht selbstverständlich alles getan werden, was diese Bewältigung fördert, wenn nicht schwere seelische, körperliche und soziale Störungen übrigbleiben sollen? Müssen wir dann nicht Schmerz und Trauer eher ermöglichen, zulassen, als sie durch Verstecken, Bagatellisieren, beruhigende Medikamente und vordergründiges „Trösten" zu verhindern?!

6. Für die betroffenen Frauen ist die Aufnahme von Eindrücken von dem verstorbenen Kind ebenso wichtig und natürlich wie das Äußern von Schmerz, Wut und Verzweiflung. Das Krankenhaus verführt zur Behinderung dieser Vorgänge: der Tod und das Sterben werden an Ärzte, Schwestern und Hebammen delegiert. Verzweifelte Patienten stören die Krankenhausruhe und -routine. Wenn Trauer (einschließlich der Verarbeitungsformen Schock, Verleugnung, offene Verzweiflung usw.) ein notwendiger psychischer und sozialer Verarbeitungsvorgang ist, so ist dieser Vorgang beim Kindstod zu fördern. Er ist jedoch schon dadurch stark behindert, daß die Vorstellung vom Kind so unklar ist. Die Frau, die ihr totes Kind nie gesehen hat, trauert um ein Phantom. Sie wird später mit allen Sinnen jede mögliche Information über ihr Kind aufsaugen. Sie wird eher seelische und soziale Störungen erleben als eine Frau, deren Trauer sich auf ein konkretes, „leibhaftiges Wesen" beziehen konnte und keiner Behinderung unterlag.

7. Eine Frau, die ein verstorbenes Kind noch gebären muß, darf nicht allein bleiben. Nach Möglichkeit sollte der Mann oder ein nahestehender Mensch dabei sein. Für das Krankenhaus muß dies ebenso selbstverständlich sein wie der Wunsch nach väterlicher Anwesenheit bei einer normalen Geburt. Schmerzmittel sollten reichlich, Beruhigungsmittel möglichst keine ge-

geben werden, denn je mehr die Eltern von der Realität des Kindstods wahrnehmen können, um so leichter wird ihnen die Verarbeitung dieses Ereignisses sein. Das Kind sollte der Frau bzw. den Eltern gezeigt werden, wenn nicht sofort danach, so doch innerhalb des ersten Tages. Dazu ist eine Begleitung notwendig. Auch wenn die Frau es zunächst ablehnt, das Kind zu sehen, sollte dies für uns keine willkommene Gelegenheit sein, uns von einer uns unangenehmen Situation zurückzuziehen. Auch nach der Geburt soll der Mann bei seiner Frau bleiben können. Auch er sollte krankgeschrieben werden. Wir Mitarbeiter der Klinik, Hebammen, Schwestern, Ärzte, sollten von uns aus das Gespräch oder nur das Zuhören anbieten und die Frau in den Tagen nach der Entbindung besuchen. Es darf nicht wieder vorkommen, daß es bei der Visite heißt: „Ach so, nur ein Spätabort!"

8. Der prae- und perinatale Kindstod ist für die Betroffenen nicht nur eine menschliche Tragödie, er ist auch eine Herausforderung für eine der Humanität verpflichtete Medizin. Seine Bewältigung ist zugleich ein Stück medizinischer Vorbeugung. Sie trägt bei zur Verhinderung seelischer und sozialer Störungen und ist oft folgenreich für den Verlauf einer neuen Schwangerschaft sowie für den Mut, überhaupt noch einmal eine solche zu riskieren.

# Informationen

## „Regenbogen-Initiative"

Um Eltern, die ein Kind vor, während oder nach der Geburt verloren haben, Beistand zu gewähren, das heißt Gespräche – einzeln oder in Gruppen – anzubieten, Kontaktadressen zu vermitteln und Informationen weiterzugeben, wurde 1983 von Betroffenen die Initiative „Regenbogen" gegründet.

Mittlerweile gibt es acht Gesprächskreise und zahlreiche Einzelansprechpartner, die über das gesamte Bundesgebiet verteilt sind. Man war sich einig, die Regenbogen-Gesprächskreise als Privatinitiative bestehen zu lassen, es darf jeder kommen, der früh ein Kind verloren hat. Manchmal rufen auch Mütter an, die ein älteres Kind hergeben mußten. Wenn es möglich ist, sie in den Kreis zu integrieren, dürfen sie bleiben. Nicht selten kommt es nämlich zu einer Art Konkurrenzkampf, in dem die Mütter der größeren Kinder meinen, mehr Recht zum Trauern zu haben als Eltern, die ihr Baby im sechsten oder siebten Schwangerschaftsmonat verloren haben und die dann unnötig viel Kraft aufbringen müssen, ihre Traurigkeit zu rechtfertigen. Gerade für sie ist der „Regenbogen" gedacht, es soll Gleichbetroffenen Hilfe durch Gespräche angeboten, ihnen Solidarität und Verständnis entgegengebracht werden, und die Mitglieder der Gruppe wollen einander bei der Bewältigung der Trauerarbeit begleiten. Neu Hinzukommende werden in einem vorausgehenden Einzelgespräch auf die Struktur der Gruppe vorbereitet. Darüber hinaus bieten wir ein Nottelefon an.

Je nach Struktur der Gruppe treffen sich die Gesprächskreise wöchentlich, vierzehntägig oder in vierwöchigem Abstand. Die Teilnahme ist kostenlos, in den meisten Gruppen ist es üblich, für eventuelle Auslagen wie Kopien, Telefon oder Porto einen kleinen freiwilligen Beitrag in eine gemeinsame Kasse zu zahlen. Die Treffen gestaltet jeder Gesprächskreis nach seinen Vorstellungen. Nach Absprache mit allen Gruppenmitgliedern werden bisweilen Ärzte oder Hebammen eingeladen, um sie mit den Problemen so früh verwaister Eltern bekannt zu machen und auch um Fragen stellen zu können und Wünsche vorzutragen.

Wenn einmal der Eindruck entsteht, Müttern oder Vätern nicht mehr weiterhelfen zu können, wird an Psychotherapeuten oder andere speziell ausgebildete Ärzte verwiesen. Trotz der gemachten schweren Erfahrungen sind wir keine „professionellen Fachleute", wir erkennen unsere Grenzen an.

In den Gesprächskreisen sollen auch Frauen, die eine neue Schwangerschaft wagen, begleitet und ihre eventuell auftretenden Ängste geteilt werden, denn viele der Teilnehmerinnen haben es während ihrer Schwangerschaft als sehr wohltuend empfunden, ihre Probleme darlegen zu können, ohne die ganze Vorgeschichte erklären zu müssen. Hier kann es unter Umständen zu Schwierigkeiten mit Müttern kommen, die nach dem Tod des Babys noch nicht wieder schwanger geworden sind oder nicht mehr schwanger werden können und nun offen oder versteckt aggressiv auf die Schwangere reagieren, doch lassen sich diese Probleme meist mit Hilfe anderer Gruppenmitglieder regeln, in Ausnahmefällen wird ein Fachmann hinzugezogen.

Ein weiteres Anliegen ist der Besuch von Betroffenen bereits im Krankenhaus, um ihnen das Gefühl des Alleinseins zu nehmen. Hier sind wir jedoch in besonderem Maße auf die Mitarbeit des Krankenhauspersonals angewiesen.

Die „Regenbogen-Initiative" brachte im Frühjahr 1985 eine Broschüre heraus, die von den Schwierigkeiten verwaister Eltern berichtet und anderen neu Betroffenen zeigt, daß Trauerreaktionen in ihrem Zustand durchaus normal sind. Auch enthält das Heft Bitten und Vorschläge, wie das Klinikpersonal zum Beispiel den Umgang mit der Mutter, dem Vater und dem sterbenden oder toten Säugling humaner gestalten kann. Neben der Förderung weiterer, neu entstehender Gesprächskreise haben wir uns die Aufklärung der Umwelt über die Probleme früh verwaister Eltern zum Ziel gesetzt sowie eine Verbesserung der Situation im Krankenhaus, die in vielen Fällen änderungsbedürftig ist.

Wünsche der Regenbogen-Gruppe sind zum Beispiel:
— eine etwas vorsichtigere Wortwahl im Umgang mit Betroffenen: „gebären" statt „ausstoßen"; „versorgen" statt „beiseite schaffen";
— für Totgeburten in Anlehnung an den englischen Ausdruck „stillborn babies" den Terminus „stille Geburt" zu benutzen, wie er sich in manchen Gruppen eingebürgert hat;
— Anerkennen des Babys als Individuum und es nicht mit Worten wie „Das ist ja nicht so schlimm, sie werden noch andere Kinder haben können" abzuwerten;
— Frauen, die eine Fehl- oder Totgeburt zu erwarten haben, nicht allein zu lassen;
— den Eltern Zeit zu lassen, die schlechte Nachricht *gemeinsam* zu bewältigen, bevor die Geburt eingeleitet wird;

- den Partner während der Geburt nicht auszuschließen, wenn er dabei sein will; die Frau braucht dringend eine Vertrauensperson;
- die Bedürfnisse und Wünsche der Frau in den Vordergrund zu stellen (z.b. Schmerzmittel statt Beruhigungsmittel oder auch gar keine Medikamente, Durchtrittsnarkose etc.), sofern auf das Kind keine Rücksicht mehr genommen werden muß;
- die Geburt so normal wie möglich verlaufen zu lassen, der Mutter die Angst vor dem Unbekannten — Erstgebärende — zu nehmen; ein „normaler" Geburtsablauf wirkt sich positiv auf eine eventuelle nächste Schwangerschaft aus;
- das Baby nicht zu beseitigen, sondern es im Beisein der Eltern wie jedes andere Neugeborene zu behandeln (z.B. Einhüllen in ein Tuch);
- den Eltern anzubieten, das Baby sehen und halten zu dürfen, auch noch zu einem späteren Zeitpunkt; oftmals lehnen die Eltern dies im ersten Schock ab, bereuen es aber später, manche trauen sich nicht, am nächsten Tag nach dem Baby zu fragen. Hier bietet sich z.B. die Einrichtung eines Familienzimmers an, das in übrigen Zeiten als Ruheraum dienen kann;
- ein Photo von dem Kind anzufertigen, das den Eltern mitgegeben oder bei den Krankenhaus-Unterlagen aufgehoben werden kann;
- eine Obduktion nicht aufzudrängen, nicht psychisch unter Druck zu setzen;
- ein gemeinsames Übernachten des Partners zu ermöglichen (es genügt eine Notliege) und die Frau nach Möglichkeit nicht in der Nähe des Säuglingszimmers unterzubringen, evtl. sogar in einem Einzelzimmer;
- die Eltern von der Möglichkeit zu unterrichten, ihr Kind beerdigen zu lassen, auch wenn es nicht ein bestimmtes Mindestgewicht hat. Die meisten beschäftigen sich in diesen Stunden gar nicht mit diesem Gedanken, fühlen sich unter Umständen auch überfordert, bereuen aber häufig später, nicht nach dieser Möglichkeit gefragt zu haben (evtl. Hinweis auf ein ausführendes Institut durch Arzt oder Hebamme);
- den Wunsch der Mutter nach frühestmöglicher Entlassung (mit einer freien Hebamme zur Nachbetreuung) zu unterstützen;
- die Todesursache des Kindes in dem Laien verständlichen Worten zu erklären;
- nach dem Tod des Kindes kurz in eingängigen Worten den Verlauf des Trauerprozesses anzusprechen, ein zweites Gespräch spätestens bei der Entlassung zu führen, ein weiteres etwa sechs Monate später. Dabei sollte

mögliches Verhalten Außenstehender, neue Verhaltensweisen der Ehepartner erklärt werden, die Notwendigkeit der Gesprächsbereitschaft untereinander betont und auch die des Arztes angeboten werden. Hier können erste Hilfen wie Kontaktadressen, Broschüren, Literaturhinweise mit auf den Weg gegeben werden, jedoch sollte den Eltern die Entscheidung, ob sie auf diese Angebote eingehen wollen oder nicht, überlassen werden;

- eine großzügige Regelung seitens der Gynäkologen hinsichtlich einer Arbeitsunfähigkeitsbescheinigung, je nach Fortschreiten der Schwangerschaft, bei einer Fehlgeburt;
- daß Eltern, die eine Totgeburt hatten, ihrem Kind auch offiziell einen Namen geben dürfen, der in das Personenstandsregister eingetragen wird;
- eine Annäherung der gesetzlichen Definition der „Fehlgeburt" an die Forderung der Weltgesundheitsorganisation (die WHO bezeichnet nur Babys, die jünger als 24 Schwangerschaftswochen sind und weniger als 500 g wiegen als Fehlgeburten) und eine gesetzlich eindeutig festgelegtes, generelles Recht, Fehl-, Früh- und Totgeburten zu bestatten;
- die Einstellung eines Sozialarbeiters/Sozialarbeiterin, der/die sich um die Belange der verwaisten Eltern kümmert (vermitteln zwischen Personal und Eltern, Hilfe bei Bestattungsformalitäten, Kontakt über Krankenhauszeit hinaus).

Erste Ansätze sind hier im Gespräch mit Hebammen und -schülerinnen gelungen, die im allgemeinen den vorgetragenen Ideen gegenüber recht aufgeschlossen sind. Doch nach wie vor sucht die Regenbogen-Initiative auch das Gespräch mit den Ärzten, es soll nicht gegen sie, sondern mit ihnen gearbeitet werden, denn wir haben den Ärzten eigene Erfahrung und unseren eigenen Blickwinkel voraus.

**Regenbogen-Adressenliste**

*Überregionale Kontaktadresse:*

Barbara Künzer-Riebel,
Rosenstraße 9, 7076 Waldstetten, Tel. 07171/41713

*Regionale Kontaktadressen:*

Ingrid Franck, Hauptstraße 23, 2061 Bliestorf, Tel. 04501/1073

Brigitte Swiderski, Amselweg 8, 2061 Itzstedt

Birgit Rohn, Mühlenstraße 73, 2820 Bremen 71, Tel. 0421/606450

Monika Heßbrüggen-Bloch, Helmstraße 43, 4300 Essen

Monika Hahn-Lepper
Cüppersweg 1, 4030 Ratingen, Tel. 02102/843623

Heidi Hasse, Hoolmannsweg 12, 4179 Weeze 1, Tel. 02837/7500

Marianne Conen-Goldmann
Am Osterholz 92, 5600 Wuppertal 11, Tel. 0202/725112

Maxi Lohrengel, Gartenstraße 34, 6000 Frankfurt/M. 70

Rosita Haas
Franz-Rücker-Allee 39, 6000 Frankfurt/M. 90, Tel. 069/775917

Ute Watz, Wickengartenstraße 2, 6306 Langgöns

Karin Vassiliadis, Wagnerstraße 2, 6520 Worms 24

Christiane Winkler
Kirchfeldstraße 3, 6250 Limburg 8, Tel. 06431/74300

Monika Mailänder, Teckstraße 17, 7313 Reichenbach, Tel. 07153/59269

Margit Fritz, Haldenweg 19, 7402 Kirchentellinsfurt, Tel. 07121/68238

Ruth Bauer, Tannhof 5/1, 7077 Alfdorf II, Tel. 07182/8215

Hilke Walter, Nordstraße 12, 7107 Neckarsulm, Tel. 07132/43424

Regine Schreier, Zeppelinstraße 26, 8520 Erlangen, Tel. 09131/14314

# Initiative Plötzlicher Säuglingstod e.V. (IPS)

Aufbau des Vereins:

Die Initiative wurde 1986 von einigen betroffenen Eltern in Leverkusen gegründet. Der Verein hat seinen Wirkungskreis vorerst in Nordrhein-Westfalen, doch es konnten mittlerweile auch einige Elterngruppen in den anliegenden Bundesländern gegründet werden.

Ziele des Vereins:

*Hilfestellung für betroffene Eltern.* Eltern, die ihr Kind durch den SIDS (sudden infant death syndrome) verloren haben, brauchen Gesprächspartner, die selber diese Tragödie erlebt haben und deshalb ihren Schmerz, ihre Gefühle und ihre Probleme verstehen und nachempfinden können.

*Sachliche Information der Öffentlichkeit.* Zwar ist der SIDS die häufigste Todesursache im Säuglingsalter, doch wird darüber in den Medien kaum berichtet, obwohl die Aufklärung darüber für Eltern wie auch für Paare mit Kinderwunsch wichtig wäre. Ferner sollte der aktuelle Stand der Forschung publiziert werden, insbesondere die Chancen und Möglichkeiten von Früherkennungsmaßnahmen bei Schwangeren und bei Säuglingen.

*Aufklärung über den Monitoreinsatz.* Bevor Eltern mit der Monitorüberwachung gefährdeter Kinder beginnen, sollten sie wissen, daß dieses technische Hilfsmittel auch sehr belastend wirken kann. Sie sollten auf die negativen Begleiterscheinungen aufmerksam gemacht werden, um sich dann frei für oder gegen den Monitor entscheiden zu können, der kein Lebensretter ist, aber gleichzeitig doch der einzige, der Bescheid geben kann, wenn das Kind in Gefahr ist.

*Säuglings-Reanimationskurse.* Um bei einem akuten Alarm zu wissen, was man tun muß, sollten Eltern die Wiederbelebung immer wieder üben.

Die IPS strebt nach einer engen Zusammenarbeit mit Hebammen und Gesundheitsämtern und nach guten Verbindungen zu den Ärzten, die sich als Praktiker oder Wissenschaftler mit SIDS befassen.

Adressen:

Christine Berg, Berta-Lungstras-Straße 26, 5300 Bonn
Britta Lambertz, Bruchhauser Straße 132, 5090 Leverkusen

*Marianne Conen-Goldmann,* geb. 1952, brachte ihre Tochter Judith in der 41. Schwangerschaftswoche tot zur Welt. Sie ist verheiratet, lebt in einer westdeutschen Großstadt und arbeitet derzeit als Krankenschwester.

*Ingrid Frank,* geb. 1962, ist Hausfrau und lebt mit ihrem Mann und ihren beiden Kindern auf dem Land in Schleswig-Holstein. Ihre Tochter Ester starb im Alter von 10 Monaten den „Plötzlichen Säuglingstod".

*Dr. phil. Verena Kast,* geb. 1943, Psychologin, Psychotherapeutin in freier Praxis in St. Gallen. Dozentin an der Universität Zürich; Lehranalytikerin und Dozentin am C.G.Jung-Institut in Zürich.

*Barbara Künzer-Riebel,* geb. 1954. Ausbildung zur Wirtschaftskorrespondentin, bis zur Geburt des ersten Kindes als Sekretärin tätig. Nach dem Tod des ersten Kindes gründete sie mit Regine Schreier die Elterninitiative „Regenbogen" für Eltern, die ein Kind vor, während oder nach der Geburt verloren haben. Sie versucht in Vorträgen, Umwelt und Krankenhauspersonal auf die Probleme verwaister Eltern aufmerksam zu machen. Sie ist verheiratet, hat eine Tochter.

*Gottfried Lutz,* geb. 1944. Nach dem Theologiestudium Verlagslektor in Stuttgart, dann Gemeindepfarrer und seit 1979 Krankenhausseelsorger in Göppingen. Klinische-Seelsorge-Ausbildung und Weiterbildung in Analytischer Psychologie. Seit 1969 verheiratet. Drei Kinder, von denen eine Tochter mit 14 Monaten starb.

*Hermann Riebel,* geb. 1952, Dipl.-Forstwirt, ist mit Barbara Künzer-Riebel verheiratet. Sie haben eine kleine Tochter, Kristina. Ihr erstes Kind, Matthias, starb im Alter von 6 Tagen an einer Lungenentzündung, nachdem es in der 36. Schwangerschaftswoche per Kaiserschnitt zur Welt gekommen war. Familie Riebel lebt in einem kleinen Ort in Württemberg.

*Christiane Scholtes,* geb. 1956. Ihr Sohn Marcel starb vier Monate nach der Geburt an einer unheilbaren Blutkrankheit. Heute hat Frau Scholtes einen

Adoptivsohn. Sie ist Krankenschwester, verheiratet, lebt in einer mitteldeutschen Kleinstadt.

*Ingeburg Sierck*, geb. 1955, verlor ihren Sohn Karsten, der in der 35. Schwangerschaftswoche geboren wurde und lebensbedrohliche Mißbildungen hatte, zwei Tage nach der Geburt. Ein Jahr später wurde ihr Sohn Thorsten infolge einer Toxoplasmoseinfektion in der 17. Schwangerschaftswoche tot geboren. Frau Sierck ist Rechtsanwältin und lebt mit ihrem Mann in einer norddeutschen Großstadt.

*Dr. rer. pol., Dr. med. Karl-Heinz Wehkamp*, geb. 1948. Studium der Soziologie, Philosophie und Medizin. Diplomsoziologe, Facharzt für Frauenheilkunde und Geburtshilfe. Seit 1978 verschiedene Lehraufträge für Sozialmedizin, Medizinsoziologie, Klinische Psychologie und Psychosomatik an der Universität Bremen. Seit 1982 Arzt an der Frauenklinik des ZKH St. Jürgenstraße in Bremen. Verheiratet, drei Kinder.

# Ratgeber: Leben mit Kindern

**Renate und Gerd Biermann**
**Die Angst unserer Kinder im Atomzeitalter**
Band 4280

**Ekkehard von Braunmühl**
**Zeit für Kinder**
Band 6705

**Ingeborg Bruns**
**Das wiedergeschenkte Leben**
Tagebuch über die Leukämieerkrankung eines Kindes
Band 3247

**Christian Büttner (Hg.)**
**Spielerfahrungen mit Kindern**
Sinnvolles Lernen oder pädagogischer Trick?
Band 3350

**Elisabeth Dessai**
**Erziehung ohne Elternstreß**
Band 3351

**Kinderfreundliche Erziehung in der Stadtwohnung**
Band 3330

**Wohnen mit Kindern – heute und morgen**
Band 3367

**Beate von Devivere/ Ulrich Wemmer (Hg.)**
**Umweltschutz für Kinder**
2 Bände
Bd. 1: Atemluft. Band 4110
Bd. 2: Radioaktivität
Band 4125

**Martin Doehlemann**
**Die Phantasie der Kinder und was Erwachsene daraus lernen können**
Band 3362

## Fischer Taschenbuch Verlag

# Ratgeber: Leben mit Kindern

**Petra Dreyer**
**Ungeliebtes Wunschkind**
Eine Mutter lernt, ihr
behindertes Kind anzunehmen
Band 3252

**Mechthild Firnhaber**
**Legasthenie**
Wie Eltern und Lehrer
helfen können
Band 3539

**Marianne Grabrucker**
**»Typisch Mädchen ...«**
Prägung in den ersten
drei Lebensjahren
Band 3770

**Friedrich Hagedorn (Hg.)**
**Kindsein ist kein Kinderspiel**
Band 3347

**Christine Hofmann**
**Stunden, die zählen**
Ein Kind findet ein Zuhause
Band 3296

**Gitta Lambinet**
**Kleinkindkost**
**vom eigenen Herd**
Band 4105

**Eugen E. Jungjohann**
**Kinder klagen an**
Leben mit Angst,
Leid und Gewalt
Band 10747

**Mary MacCracken**
**Charlie, Eric und**
**das ABC des Herzens**
Außenseiter im
Klassenzimmer
Band 3273

**Lovey**
Die Therapie eines
schwierigen Kindes
Band 3274

**Aloys Leber /**
**Hans-Georg Trescher /**
**Elise Weiss-Zimmer**
**Krisen im Kindergarten**
Psychoanalytische Beratung
in pädagogischen Institutionen
Band 42315

**David Mark Mantell**
**Familie und Aggression**
Zur Einübung von Gewalt
und Gewaltlosigkeit
Band 3876

## Fischer Taschenbuch Verlag

# Ratgeber: Leben mit Kindern

**Fischer Taschenbuch Verlag**

fi 8 / 13 c

# Persönliche Erfahrungen mit Krisen

Renate Anders
**Grenzübertritt**
*Eine Suche nach
geschlechtlicher
Idendität. Band 3287*

Sigrid Borst
**Weniger als ein Jahr...**
*Unser Kampf gegen
den Krebs. Band 3248*

Erica Brühlmann-
Jecklin
**Irren ist ärztlich**
*Analyse einer
Krankengeschichte
Band 3269*

Ingeborg Bruns
**Das wieder-
geschenkte Leben**
*Tagebuch über die
Leukämieerkrankung
eines Kindes
Band 3247*

Sue Cooke
**Zerzaustes Käuzchen**
*Die Emanzipation
einer Epilepsiekranken
Band 3245*

Herbert Dalhoff
**So krank wie die Erde**
*Krebsleiden und Natur-
erfahrung. Band 10654*

Petra Dreyer
**Ungeliebtes
Wunschkind**
*Eine Mutter lernt,
ihr behindertes Kind
anzunehmen. Band 3252*

Claudia Erdheim
**Herzbrüche**
*Szenen aus der psycho-
therapeutischen Praxis
Band 3256*

Jacqueline Fabre
**Die Kinder, die nicht
sterben wollten**
*Band 3289*

Josef Gabriel
**Verblühender Mohn**
*Aids - die letzten
Monate einer Beziehung
Band 3249*

Andrea Graf
**Die Suppenkasperin**
*Geschichte einer
Magersucht. Band 3294*

Renate Gussmann
**Todessehnsucht
und Lebensgier**
*Aufzeichnungen einer
krebskranken Ärztin
Band 3272*

Luise Habel
**Umarmen möcht ich dich**
*Briefe an einen Thera-
peuten. Band 3299*

Monika Hahn-Lepper
**Nicht zum Leben
geboren**
*Trauerarbeit nach
dem Verlust meiner
Kinder. Band 10257*

Torey L. Hayden
**Kevin**
*Der Junge, der nicht
sprechen wollte
Band 3253*

Ursula
Heilborn-Maurer/
Georg Maurer
**Nach einem Suizid**
*Gespräche mit
Zurückbleibenden
Band 3250*

## Fischer Taschenbuch Verlag

# Persönliche Erfahrungen
# mit Krisen

Ilse van Heyst
**Das Schlimmste war
die Angst**
Geschichte einer
Krebserkrankung und
ihrer Heilung
Fischer

Marlene Lohner
**Plötzlich allein**
Frauen nach
dem Tod
des Partners
Fischer

Nina Rempp
**Schichtbarrieren**
Von den Verständigungs-
schwierigkeiten
in einer
Psychoanalyse
Fischer

# Fischer Taschenbuch Verlag

# Persönliche Erfahrungen mit Krisen

## Fischer Taschenbuch Verlag

fi 26 / 4 c

Beispielhaft berichten Eltern über verdeckte Ängste von Kindern und Ansätze der Befreiung. Dabei geht es meist um hintergründige Ängste: Daß die Eltern sterben; so bös zu werden, wie der Vater; daß Einbrecher kommen; ins Krankenhaus müssen; schlechte Schulnoten zu bekommen; von männlichen Personen bedroht zu werden. Das Aufdecken solcher Ängste eröffnet Möglichkeiten eines besseren Eingehens auf das Kind.

Ängste engen ein und lähmen. Sie sind schwer zu ertragen und werden verdrängt. Aus dem Verborgenen wirken sie auf das menschliche Verhalten bis hin zum Unverständlichen. Eltern rätseln herum, was in ihrem Kind vorgehen könne. Daß hierbei auch fast greifbare verborgene Ängste möglicherweise mitwirken, wird auch aus psychologischer und theologischer Sicht praxisbezogen erklärt.

Hans-Dieter Friebel (Hrsg.)

**Wenn Kinder verborgene Ängste haben**

Eltern berichten über Möglichkeiten der Erkennung, Hilfe und Bewältigung.
Beiträge von Hans-Dieter Friebel, Dieter Schupp
64 Seiten, kartoniert

VERLAG ERNST KAUFMANN